Graphique Spatio-Temporel

La ligne du temps

Joël Mveing

Édition originale publiée en français sous le titre : *Graphique Spatio-Temporel_La ligne du temps*

Tous droits réservés. Aucune partie de cette publication ne peut être reproduite, diffusée ou transmise sous quelques formes ou par quelques moyens que ce soit, électronique, mécanique, par photocopie ou autre, sans l'accord préalable écrit de l'auteur. De courts extraits peuvent être utilisés pour les besoins d'une revue.

Tous droits réservés. Cet ouvrage met la majuscule sur certains pronoms des Écritures qui se réfèrent au Père, au Fils et au Saint-Esprit. Veuillez noter que le nom de satan et les noms apparentés ne prennent pas de majuscules. Nous choisissons de ne pas le reconnaître au point de violer les règles grammaticales.

Graphisme couverture : Claudine Mveing

© 2025, Joël Mveing

Édition : BoD · Books on Demand, 31 avenue Saint-Rémy, 57600 Forbach, bod@bod.fr
Impression : Libri Plureos GmbH, Friedensallee 273, 22763 Hamburg (Allemagne)

ISBN : 978-2-8106-2899-5
Dépôt légal : février 2025

Sauf mention contraire, les citations bibliques utilisées dans le présent ouvrage sont extraites de la version Louis Segond 1910.

TABLE DES MATIÈRES

AVANT-PROPOS 7

LA LIGNE DU TEMPS 13

SPATIO - TEMPOREL I LA VIE DE JESUS CHRIST SUR TERRE 17
Pourquoi parler de Jésus dans la ligne du temps ? 17

SPATIO – TEMPOREL II SEMEION : EVENEMENTS PREPARATOIRES 21
Pourquoi parler des signes annonciateurs ? 21
L'apostasie 23
Guerre : la hausse du taux de criminalité 24
La hausse des catastrophes naturelles 26
La grande persécution des chrétiens 33
L'expansion de l'évangile 35
L'expansion du Saint-Esprit 36

SPATIO - TEMPOREL III LA PAROUSIA : L'ENLEVEMENT DE L'ÉGLISE 37
Enlèvement : Un mythe ou une vérité 37
Qui entrera et qui restera à l'extérieur ? 39
Comment se fera l'enlèvement ? 44
La date du retour de Jésus-Christ 46
Le rouleau aux sept sceaux 49
Les sept premières trompettes 55

SPATIO – TEMPOREL IV LE THLIPSIS, LA TRIBULATION ET LES NOCES 65

La période de grande détresse 65
Cinq preuves de la l'enlèvement avant la tribulation 68
Première étape de la tribulation 70
La grande tribulation.. 71
Le tribunal de Christ après l'enlèvement..................................... 79
Les noces de l'Agneau 83
Fin de la tribulation.. 85

SPATIO – TEMPOREL V LE MILLENIUM : LE REGNE DE MILLE ANS 87
Le millénium, une réalité ou un mythe ? 87
La première résurrection.. 89
satan lié et les nations à l'abri de la séduction 90
Le gouvernement de Christ sur la terre pendant mille ans........ 91
Fin du millénium.. 93

SPATIO – TEMPOREL VI LE JUGEMENT FINAL 97
Le jugement du trône blanc : les incrédules jugés 97
La récompense éternelle 103

SPATIO – TEMPOREL VII LA NOUVELLE JERUSALEM : LA CITE SAINTE 107
Dieu et Christ siègeront pour l'éternité.. 110

PRIERE DU SALUT 113

Avant-Propos

Pendant longtemps, j'ai été pressé par le sens de ma vie sur cette terre et par l'idée de ce qui m'attendrait après ma mort. Je ne voulais pas accepter la théorie qu'il n'y ait rien après mon décès ou que je sois réincarné et que je vive un avenir sans intérêt sous forme d'animal. J'ai vu disparaître mes grands-parents, ainsi que certains de mes cousins et oncles, partis trop tôt de ce monde sans avoir réalisé leurs rêves. Cela m'a substantiellement poussé à explorer les mystères du temps et des évènements, ce qui m'a amené à réfléchir sur la nature profonde de ma propre foi. J'ai été confronté à la question de savoir où elle allait me mener. Après m'être beaucoup remis en question et avoir traversé diverses épreuves, j'ai pris conscience qu'il y a une expérience réservée à ceux qui choisissent délibérément ce qu'on appelle *« le Chemin, la Vérité et la Vie »*. C'est la raison pour laquelle je voudrais partager ces réflexions avec vous. En réalité, c'est la forte bienveillance de Dieu qui m'a permis d'achever ce livre, grâce à l'inspiration divine du Saint-Esprit, après trois années de recherche sur la Bible, de prières ferventes et de méditations profondes.

Voici ce que disait un poker player : *« Si l'on me demandait de parier sur l'éternité, je le ferais, même si je réalisais ensuite qu'il n'y avait rien à gagner. Je ne subirais aucune perte ni aucune conséquence. Toutefois, si je décide de ne pas parier sur l'éternité et qu'il se trouve qu'il y en a vraiment une, cela me dérangerait énormément. Non seulement je serais perdant pour l'éternité, mais je serais également souffrant pour toujours »*. Quel conseil donneriez-vous à quelqu'un qui aime faire des mises, que ce soit ou non votre cas personnel ?

Comme ce sage, j'ai résolu de prendre le risque de miser sur l'éternité par la foi, car je crois qu'une place et une couronne de gloire sont réservées à ceux qui termineront la course et seront fidèles à Jésus-Christ jusqu'au dénouement. Cette interrogation s'adresse désormais directement à toi. Quelle décision prendras-tu ?

Vous avez probablement déjà réfléchi à l'éventualité d'une fin des temps, à la raison pour laquelle notre monde se trouve dans cet état, ainsi qu'à la date possible du retour de Jésus-Christ pour ceux qui sont croyants. La Bible comporte en effet des symboles et des symbolismes qui, comme un mirage, vous présentent une image floue de la réalité. Au fil du temps, ces interprétations ont donné lieu à des idéologies confuses. C'est pourquoi Mathieu pouvait affirmer : *Mais le jour et l'heure où ces choses arriveront, personne ne les connaît : ni les anges auprès de Dieu, ni le Fils. Le Père est seul à les connaître* [Mathieu 24 : 36 Versions Parole de Vie 2016].

Ce livre offre un aperçu global de l'évolution humaine, depuis l'arrivée du Messie sur terre jusqu'à son second avènement. Il invite le lecteur à porter son attention sur l'Époux, tandis que les détails concernant Sa venue ne sont fournis qu'à titre indicatif. En effet, notre compréhension actuelle reste fragmentaire. Nous ne possédons pas toute la connaissance, mais lorsque nous serons en présence du Christ, toutes nos incertitudes disparaîtront, et notre savoir sera complet. Il est donc essentiel de se souvenir de la mission que Jésus a confiée à son Église : aller dans le monde entier et faire de toutes les nations des disciples.

Pour conclure, je vous exhorte [chrétiens nés de nouveaux] à vivre pleinement la vie que Dieu vous a accordée sur terre [créez des entreprises, prêchez la parole de Dieu, faites du bien aux orphelins et aux veuves, et surtout, soyez généreux et servez Dieu avec toutes vos fortunes]. Et pour ceux qui n'ont pas encore fait allégeance à Christ, je vous invite à faire Sa rencontre. Que vous le croyiez ou non, sachez que la vie ne se termine pas à la mort, mais que vous devrez répondre de chacune de vos bonnes ou mauvaises actions devant le juge du tribunal de la cour céleste de justice.

Avant-Propos

Je dédie cet ouvrage au Tout-Puissant, à l'Agneau sacrifié, avec qui nous partagerons l'éternité. Je pense ainsi au Saint-Esprit qui m'a inspiré et guidé tout au long de ce long voyage. Finalement, je pense à ma chère épouse et à mes filles bien aimées.

Dédicace

La ligne du temps

La Slackline, également connue sous le nom de « slack », est une discipline sportive consistant à s'équilibrer sur une longue corde élastique : funambulisme sur sangle. La lanière est tendue entre deux points d'ancrage, comme entre deux arbres ou deux poteaux, ou encore entre deux zones de fixation d'escalade. La lanière flexible permet aux pratiquants de rebondir au même degré que sur un trampoline, ajoutant une dimension acrobatique à l'activité. Ainsi, le temps est comparable à une slackline, une sangle distendue dans l'espace-temps, qui possède un début et une fin. Au fil de cette trajectoire, le chemin que nous empruntons, en passant d'un point d'attache à un autre, peut déterminer l'issue post-mortem.

Depuis plusieurs décennies, le terme « temps » est largement employé pour caractériser l'évolution de notre univers, ce qui permet d'établir un référentiel. Le fil conducteur de notre existence est marqué par l'écoulement du temps, des journées, des saisons et des décennies, qui structurent l'univers humain. La séquence ininterrompue des journées et des nuits amène à une scission naturelle du temps. De plus, la division quotidienne du temps [matin, midi et soir] est déterminée par la position du soleil au-dessus de l'horizon.

Selon le dictionnaire biblique Westphal, certains auteurs bibliques auraient considéré le temps historique, celui qui a commencé avec la création du monde dans Genèse 1 : 1, comme un instant dans l'étendue de l'éternité qui devait avoir une fin.

Une question cruciale pour tout être humain est la suivante : croyons-nous-en l'existence de quelque chose ? Si oui, en quoi ? Évidemment, les êtres humains croient en de nombreuses choses. L'interrogation fondamentale est la suivante : envisageons-nous que la planète terre disparaîtra un jour ? Avons-nous déjà envisagé ce qui se passera une fois que tout aura pris fin ? Il est évident que certains d'entre nous ne seront plus de ce monde au moment où la terre s'effondrera. Certains d'entre nous prennent des décisions non pas parce qu'elles sont rationnelles, mais du fait qu'elles sont fondées sur une conviction profonde et une assurance inébranlable. Il est donc important de considérer avec attention les questions existentielles, telles que celle de notre propre existence après la mort.

D'après la science, il y aura un moment où le globe sera détruit et l'humanité disparaîtra. En effet, selon cette théorie, notre planète sera vraisemblablement engloutie par le soleil dans quelques milliards d'années. Voici quatre hypothèses sur la destruction de l'univers.

- Le Big Freeze [la mort thermique] : Selon cette interprétation, la gravité décroissante fera que l'univers s'étendra indéfiniment jusqu'à devenir glacial et sombre. À terme, même les trous noirs disparaîtront, laissant ainsi, un univers vide et intemporel.
- Le Big Crunch [effondrement terminal] : Dans ce scénario, si la gravité est plus puissante, l'univers se contractera progressivement, formant une boule de feu ultra-compacte qui absorbera toute l'énergie et la matière environnantes. Toutefois, les chercheurs sont toujours à la recherche du taux d'expansion de l'univers, ainsi que de sa composition en matière et en énergie.

- Le Big Rip [le grand déchirement] : il s'agit ici du déchirement de l'espace-temps. Selon certaines notes d'astronomie, l'expansion de l'univers serait causée par une force nommée « énergie noire ». Cette dernière, si elle devait dépasser celle de la gravité, entraînerait une déchirure dans environ vingt-deux milliards d'années.
- Le Big Slurp [le grand engloutissement] : c'est une hypothèse où le champ d'Higgs [champ capable de conférer une masse à une particule] pourrait passer d'un état stable temporaire à un vrai vide. Imaginez une balle coincée dans un petit creux, alors qu'une crevasse encore plus profonde existe à proximité. Si cet objet venait à s'écraser subitement dans cette seconde fosse, les lois fondamentales de la physique seraient profondément perturbées, ce qui mettrait fin à notre univers.

Peu importe ce que nous croyons finalement, la question de la fin des temps est toujours d'actualité. Ces scientifiques qui ont avancé des théories selon lesquelles la terre finira par disparaître ont-ils raison ? Si c'est le cas, comment devrions-nous envisager à un avenir qui ne laissera personne indifférent ? Certains peuvent ne pas s'en soucier et ne pas croire que la Bible puisse prédire l'avenir. En effet, cet évènement affectera leur existence, leur foyer, leur carrière et leur destin s'ils sont encore en vie à ce moment-là. Même s'ils ne sont plus de ce monde, ils seront confrontés à une réalité nouvelle après leur mort. La Sainte Écriture évoque une certitude dans le livre d'Osée 6 verset 3 : celle de la venue du Christ.

À l'instar d'une voiture dépourvue de systèmes de freinage, et qui est condamnée à foncer sur un obstacle, le peuple qui ne possède pas de révélation divine est voué à une destruction certaine

[Proverbes 29 : 18]. Cette comparaison met en évidence l'importance cruciale d'une révélation pour notre existence. Il est donc temps de s'interroger plus profondément sur cette question. Ainsi ont été les réflexions suscitées durant cette recherche. Je vous invite de la sorte à en découvrir la quintessence.

Ce livre vous propose une sélection de récits bibliques qui mettent en lumière la destinée de l'humanité dans les décennies ou les siècles à venir. Les informations contenues dans cet article proviennent directement de sources bibliques et sont étayées par des exemples tangibles. Cette chronologie présente un intérêt particulier, car elle permet de situer les épisodes dans le temps, sans prétention de précision. Il est important de noter que tous les théologiens ne s'accordent pas sur la séquence des évènements. C'est pourquoi je vous encourage vivement à examiner attentivement ce tableau spatial et temporel relatif à la fin des temps et de vous faire votre propre idée. Penchons-nous sur ces textes avec un esprit analytique, mais aussi avec une bonne dose d'espérance et de foi.

Spatio - Temporel I

La vie de Jésus Christ sur terre

Pourquoi parler de Jésus dans la ligne du temps ?

De nos jours, une multitude de calendriers sont utilisés, que ce soit à l'échelle d'une société ou d'une nation. De nombreux États européens, mais aussi asiatiques, utilisent le calendrier grégorien. En effet, l'expression « av. J.-C. » et « ap. J.-C. » est utilisée pour désigner les années, les siècles et les millénaires qui précèdent ou suivent l'année de la naissance de Jésus-Christ. S'il constitue la référence temporelle, cela signifie qu'il revêt une importance capitale dans l'histoire de l'humanité.

Pour les chrétiens, il est le Fils de Dieu : ... *L'eunuque répondit : Je crois que Jésus-Christ est le Fils de Dieu* [Actes 8 : 37]. Pour d'autres, il n'est qu'un prophète ou simplement un homme. Toutes ces affirmations sur sa nature sont défendues par ceux qui le revendiquent.

Ce qui est vrai, c'est qu'il est le Sauveur de l'humanité. Tout le monde est-il d'accord avec cette idée ? Je n'en suis pas certain. Cependant, Jésus reste le Sauveur de l'humanité. Par conséquent, ceux et celles qui croient en lui seront sauvés.

C'est une parole certaine et entièrement digne d'être reçue, que Jésus Christ est venu dans le monde pour sauver les pécheurs, dont je suis le premier.

1 Timothée 1 : 15

Pourquoi parler de Jésus alors que nous faisons allusion au graphique spatio-temporel ? Jésus est étroitement lié au destin et au sort de l'humanité. Au commencement, lorsque Adam et Ève, les premiers êtres humains selon les Écritures, ont péché, ils ont séparé l'humanité de son Créateur.

C'est ainsi que Jésus-Christ est devenu la solution pour permettre à l'humanité de s'élever après sa chute. Pour cela, Dieu a envoyé son Fils, Jésus, pour qu'il meure sur la croix pour nos péchés [Jean 3 : 16]. C'est pourquoi nous parlons de Jésus-Christ dans le graphique. Le destin de l'humanité est intimement lié au sien. En effet, en accomplissant sa mission, il a rendu aux humains tout ce qu'ils avaient perdu.

Pour qu'il soit établi que Jésus a fait un sacrifice, il devait revenir à la vie après sa mort. Il nous a ainsi offert la victoire sur la mort [Jean 11 : 25]. Cela ne veut pas dire que nous allons éviter de mourir physiquement, mais que nous pouvons vivre une existence libérée du péché, dans la paix et la joie. Et vivant parallèlement avec cette espérance que nous règnerons pour l'éternité avec lui.

Pour accomplir parfaitement Sa mission, il était également important qu'Il retourne vers Son Père [1 Pierre 3 : 22], car Son rôle sur terre était terminé. Il est allé préparer une place pour nous auprès du Père [Jean 14 : 2]. La balle est maintenant dans le camp des humains.

Certains pourraient considérer ces propos comme de la science-fiction. Ils auraient tort, car la vérité est souvent plus étonnante que la fiction. Il est vrai que cela peut sembler incroyable, mais heureux sont ceux qui croient sans preuve matérielle [Jean 20 : 29]. Accepter cette idée peut s'avérer difficile, mais il est crucial de se rappeler que seul l'Esprit Saint peut vous éclairer sur les questions du péché, du jugement et de la justice, par conséquent éclaircir vos doutes. Toutes les explications rationnelles ne suffiront pas, à part l'Esprit de Jésus-Christ peut vous apporter la révélation. C'est pourquoi Son rôle est central dans ce schéma temporel et spatial.

La vérité, c'est que Jésus reviendra chercher son Église. La vraie question est de savoir comment chacun d'entre nous réagit face à cette vérité, même si certains la remettent en cause.

Spatio – Temporel I_La vie de Jèsus Christ ur terre

Spatio - Temporel II

Semeion : évènements préparatoires

*Instruisez-vous par une comparaison tirée du figuier. Dès que ses branches deviennent tendres, et que les feuilles poussent, vous connaissez que l'été est proche. De même, quand vous verrez **ces choses arriver**, sachez que le Fils de l'homme est **proche**, à la porte.*

Marc 13 : 28-29

Dans ce passage, Jésus exhorte à la vigilance en prenant exemple sur le figuier. Ainsi, lorsque les signes sont visibles, cela signifie que le temps vient.

Pourquoi parler des signes annonciateurs ?

*... Dis-nous, quand cela arrivera-t-il, et quel sera le signe de ton avènement et de la fin du monde ?... Vous entendrez parler de **guerres** et de **bruits de guerres** : gardez-vous d'être troublés, car il faut que ces choses arrivent. Mais ce ne sera **pas encore la fin**. Une nation s'**élèvera contre une nation**, et un **royaume contre un royaume**, et il y aura, en divers lieux, des **famines** et **des tremblements de terre**. Tout cela ne sera que le commencement des douleurs... Plusieurs **faux prophètes** s'élèveront, et ils séduiront beaucoup de gens. Et, parce que l'**iniquité** se **sera accrue**, la **charité** du plus grand*

*nombre se **refroidira**. Mais celui qui persévérera jusqu'à la fin **sera sauvé**. **Cette bonne nouvelle du royaume sera prêchée dans le monde entier**, pour servir de témoignage **à toutes les nations**. **Alors viendra la fin**. C'est pourquoi, lorsque vous verrez **l'abomination de la désolation**, dont a parlé le prophète Daniel, **établie en lieu saint**, — que celui qui lit fasse attention ! ... Car alors, la détresse sera si grande qu'il n'y en a point eu de pareille **depuis le commencement du monde jusqu'à présent**, et qu'il n'y en aura jamais. Et, si ces jours n'étaient abrégés, personne ne serait sauvé ; mais, à cause des élus, **ces jours seront abrégés**...*

Mathieu 24 : 1-22

Le mot « signe » vient du grec *Semeion*, qui signifie « présage d'évènements remarquables qui doivent arriver bientôt ».

Lorsque dans un véhicule, votre jauge de carburant passe au rouge, cela veut dire qu'il est temps de remplir le réservoir afin de ne pas tomber en panne sèche. C'est la même chose pour la batterie de téléphone : quand l'indicateur devient rouge, il faut la recharger rapidement, sinon on risque de manquer des appels importants. Les signes des temps de la fin nous permettent également d'éviter d'être pris au dépourvu quand celle-ci arrivera [la fin des temps], grâce à ce qui se passe dans nos sociétés aujourd'hui, mais aussi dans l'avenir.

Souvenez-vous des vierges folles et des vierges sages dont parle la Bible. Les vierges sages, qui se sont préparées à veiller jusqu'à ce que l'époux arrive, ont apprêté de l'huile en réserve pour leurs lampes [Mathieu 25 : 1-13].

L'apostasie

*Prenez garde, frère, que quelqu'un de vous n'ait un cœur mauvais et incrédule, au point de se **détourner** du Dieu vivant.*

Hébreux 3 : 12

Le mot « apostasie » vient du grec *« apostasia »,* qui signifie s'éloigner de quelque chose, se détourner, ou déserter. S'apostasier signifie ainsi rompre toute relation avec Jésus-Christ. Ce mot apparaît clairement une fois dans la nouvelle alliance, en particulier dans la deuxième lettre adressée à Thessalonique, chapitre 2, verset 3, selon la traduction Louis Segond. De manière implicite, ce concept est également présent dans le Nouveau Testament.

Jésus dit dans Mathieu qu'il y aura des séductions, et que celles-ci seront responsables de l'apostasie. Plusieurs individus viendront sous son nom et tenteront beaucoup de monde [Matthieu 24 : 4-5].

Ne laissez personne vous tromper par n'importe quel mensonge. En effet, ce jour n'arrivera pas avant la grande révolte contre Dieu. Le mauvais, celui qui est condamné, doit d'abord se faire connaître.

2 Thessaloniciens 2 : 3 [Version Parole de Vie]

Que personne ne vous séduise d'aucune manière ; car il faut que l'apostasie soit arrivée auparavant, et qu'on ait vu paraître l'homme du péché, le fils de la perdition.

2 Thessaloniciens 2 : 3

Ces deux versions nous aident à mieux comprendre ce qu'est l'apostasie. Dans sa première lettre à Timothée [1 Timothée 4 : 1-2], Paul parle de tromperie par le mensonge. D'après lui, dans les derniers temps, quelques-uns abandonneront la foi pour se rallier à des idées fausses et à des enseignements venant des esprits mauvais. En effet, les faux docteurs sont, selon lui, des prédicateurs de doctrines démoniaques. Leur conscience est marquée par l'erreur comme d'un fer rouge. Ils amèneront ainsi plusieurs personnes à s'attacher à ces enseignements.

C'est pourquoi, en tant qu'enfants de Dieu, nous devons nous comporter comme les chrétiens de Béré, qui étudiaient chaque jour les Écritures pour vérifier si ce que Paul disait sur la parole était exact [Actes 17 : 11]. De cette manière, le Saint-Esprit vous empêchera d'être induits en erreur par de faux préceptes.

Guerre : la hausse du taux de criminalité

La criminalité correspond à l'ensemble des actes illégaux et criminels commis dans un contexte particulier et à une période donnée. C'est ce qu'indique le terme grec « *Adikia* », qui signifie une violation volontaire de la loi et de la justice.

La criminalité, allez-vous me dire, ne date pas d'hier. Je vous donnerai naturellement raison. Cependant, en regardant et en analysant attentivement l'histoire de l'humanité dans son ensemble, on constate que le taux de délinquance augmente d'année en année. Cette augmentation est bien sûr liée aux conflits armés qui ont eu lieu au fil des siècles.

*Vous entendrez parler **de guerres** et de bruits de guerres : gardez-vous d'être troublés, car il faut que ces choses arrivent. Mais ce ne sera pas encore la fin. Une nation s'élèvera contre une nation, et un royaume contre un royaume.*

Mathieu 24 : 6-7

Les Écritures annoncent des conflits à venir. Toutefois, il ne faut pas s'alarmer, car ce ne sera pas encore le dénouement. Ce sont à travers ces conflits qu'on observe le plus haut taux de criminalité. C'est un signe qui indique que la fin approche, et doit donc le prendre en compte. Effectivement, une nation va entrer en guerre contre une autre. On l'a vu avec l'attaque de l'Ukraine par la Russie en février 2022, mais ce n'est pas un cas isolé.

La 2e Guerre mondiale [opposant les Alliés et l'Axe] et la Première Guerre mondiale, aussi connue sous le nom de « Grande Guerre », ont opposé des États. De plus, au cours de ces siècles, des affrontements civils, ethniques, révolutionnaires et de sécession [entre le nord et le sud aux États-Unis] ont éclaté. On se souvient ainsi du génocide des Tutsis en 1994 au Rwanda.

Le British Crime Survey (BCS) est l'une des enquêtes les plus fiables en Europe. Il présente les tendances de la criminalité sur les vingt dernières années. Il est certain que la délinquance et les conflits armés existent depuis longtemps. Toutefois, pourquoi observe-t-on une hausse du taux de criminalité chaque année, chaque siècle ?

*Et, parce que **l'iniquité** se sera accrue, la charité du plus grand nombre se **refroidira**.*

Mathieu 24 : 12

L'une des principales raisons pour lesquelles le taux de criminalité augmente, c'est la baisse de l'amour en raison de l'augmentation du péché.

*Sache que, dans les derniers jours, il y aura des **temps difficiles**. Car les hommes seront **égoïstes, amis de l'argent, fanfaron, hautains, blasphémateurs, rebelles à leurs parents, ingrats, irréligieux,*** *insensibles, déloyaux, calomniateurs, intempérants, cruels, ennemis des gens de bien, traîtres, emportés, enflés d'orgueil, aimant le plaisir plus que Dieu, ayant l'apparence de la piété, mais reniant ce qui en fait la force. Éloigne-toi de ces hommes-là. Il en est parmi eux qui s'introduisent dans les maisons, et qui captivent des femmes d'un esprit faible et borné, chargées de péchés, agitées par des passions de toute espèce, apprenant toujours et ne pouvant jamais arriver à la connaissance de la vérité. De même que Jannès et Jambrès s'opposèrent à Moïse, de même ces hommes s'opposent à la vérité, étant **corrompus d'entendement**, réprouvés en ce qui concerne la foi.*

2Timothé 3 : 1-8

Comme l'a dit Timothée, la recherche continuelle de gain, de pouvoir, d'argent, le manque d'amour entre les humains, la domination de l'un par l'autre sont des phénomènes qui deviendront de plus en plus fréquents à mesure que nous approcherons de la fin des temps. En outre, la cruauté, l'insensibilité, la trahison et la haine envers les gens de bien rendent ces temps difficiles. C'est pourquoi le taux de criminalité ne cesse d'augmenter. Ces faits sont malheureusement observables dans notre société.

Quelques types d'actes criminels — Selon les registres, d'interpoles les actes criminels qui sont récurrents sont la pédocriminalité, le trafic d'être humain, les crimes de guerre et d'autres genres de criminalités.

La hausse des catastrophes naturelles

*Et il y aura, en divers lieux, **des famines** et **des tremblements de terre**. Tout cela ne sera que le commencement des douleurs.*

Mathieu 24 : 7-8

Aujourd'hui, les catastrophes sont monnaie courante : tremblements de terre, inondations, maladies virales, famines croissantes et crises économiques. Ces évènements étaient prédits dans les Écritures. Ce que nous observons actuellement n'est donc rien d'autre que le reflet de ce qui était déjà annoncé. Cela confirme aussi que l'enlèvement est imminent. Dans son message, l'apôtre Matthieu parle ici du début des douleurs. Tout comme une femme qui endure des souffrances pendant l'accouchement, de la même manière, l'apôtre prévient que les épisodes à venir feront souffrir davantage l'humanité.

Au cours des vingt dernières années (2000-2019), on compte pas moins de 7348 cataclysmes naturels recensés à travers le monde, entraînant des pertes financières estimées à environ 3000 milliards de dollars. C'est presque deux fois supérieur à celui des décennies précédentes (1980-1999). Selon le rapport « The human cost of disasters : an overview of the last 20 years (2000-2019) » publié par le Bureau des Nations unies pour la réduction des risques de catastrophe, l'UNSDIR.

Inondations et tempêtes

Dans ce chapitre, il est crucial de se pencher sur une question clef concernant les inondations. Lorsque Dieu anéantit le monde avec le déluge, laissant quelques individus survivants pour perpétuer l'espèce humaine, Il jura de ne plus jamais agir ainsi. Pour se souvenir de sa promesse, Il plaça un symbole dans le firmament, que nous appelons aujourd'hui « arc-en-ciel ».

J'établis mon alliance avec vous : aucune chair ne sera plus exterminée par les eaux du déluge, et il n'y aura plus de déluge pour détruire la terre... J'ai placé mon arc dans la nue, et il servira de signe d'alliance entre moi et la terre.

Genèse 9 : 11 et 13

En effet, Dieu a promis de ne plus jamais détruire la terre par des inondations. Il n'est pas un homme pour mentir ni le fils de l'homme pour se repentir. Les crues répétées et croissantes, qui s'abattent chaque jour davantage, ne sont rien d'autre qu'un indicateur alarmant : l'humanité se rapproche progressivement ou brutalement, selon votre perspective, de son destin.

Au cours des deux dernières décennies, les submersions et les tempêtes ont été les catastrophes les plus récurrentes. Selon l'ONU, les pires problèmes à prévoir pour la prochaine décennie seront les vagues de chaleur. Toutefois, la terre ne sera pas anéantie par ces vagues de chaleur. Un exemple très tangible est celui de la tempête Alex, qui a dévasté le littoral français le 2 octobre 2020, ainsi que l'inondation survenue au Soudan en septembre 2020. En 2021, de nombreux pays européens ont été frappés par une succession de précipitations accompagnées d'inondations. Ces évènements ne sont que des prémices et des augures de phénomènes encore plus importants à venir.

Les tremblements de terre

Le prophète Zacharie évoque des tremblements de terre et des mouvements de plaques tectoniques survenus dans le passé, ainsi que ceux qui devraient se manifester prochainement.

Ses pieds se poseront en ce jour sur la montagne des oliviers, qui est vis-à-vis de Jérusalem, du côté de l'orient ; ***La montagne des oliviers se fendra par le milieu****, à l'orient et à l'occident, et il se formera une* *très grande vallée : une moitié de la montagne reculera vers le septentrion, et une moitié vers le Midi. Vous fuirez alors dans la vallée de mes montagnes, car la vallée des montagnes s'étendra jusqu'à Atzel ; Vous fuirez comme vous avez fui devant le tremblement de terre, au temps d'Ozias, roi de Juda. Et l'Éternel, mon Dieu, viendra, et tous ses saints avec lui.*

Zacharie 14 : 4-5

Selon les experts scientifiques, les tremblements de terre sont causés par des glissements de terrain et des mouvements internes dans la croûte terrestre, en particulier le long des plaques tectoniques ou des failles. Suivant la description du prophète Zacharie, une brèche s'est formée dans la montagne, entraînant un mouvement des deux côtés, ce qui a déclenché un séisme.

Des chercheurs dirigés par les autorités israéliennes des antiquités ont découvert des preuves tangibles d'un tremblement de terre survenu au temps d'Ozias [VIIIe siècle av. J.-C.], roi de Juda. Des fouilles récentes dans la ville de Jérusalem ont permis de confirmer l'existence de l'un des plus importants séismes décrits dans l'Ancien Testament grâce à des indices matériels convaincants.

Paroles d'Amos, l'un des bergers de Tekoa, visions qu'il eut sur Israël, au temps d'Ozias, roi de Juda, et au temps de Jéroboam, fils de Joas, roi d'Israël, deux ans avant **le tremblement de terre.**

Amos 1 : 1

Selon le journaliste William Broad, un million de personnes ont perdu la vie dans des tremblements de terre au cours du 20e siècle. Aux yeux des spécialistes, ce nombre pourrait être multiplié par dix au 21e siècle, d'après l'article *« Earthquakes : A Matter of Luck,*

Mostly Bad » publié dans le New York Times, le 28 septembre 1999.

Pour illustration, mentionnons le violent tremblement de terre survenu en mai 2008 dans la région chinoise du Sichuan, ainsi que les nombreux autres évènements similaires ayant frappé diverses parties du globe à différentes époques. Toutefois, l'épisode tragique restant à ce jour le plus meurtrier est certainement le terrible séisme qui a dévasté Haïti, particulièrement sa capitale, Port-au-Prince, causant la perte de vie de plus de 300 000 personnes.

Voici les 5 catastrophes sismiques les plus dévastatrices en vie humaine du XXIe siècle, d'après les données de la National Environemental, Satelite, Data and Information Service (NEDIS), au moment où j'ai rédigé cet ouvrage en 2024.

- Le 12 janvier 2010, un tremblement de terre d'une magnitude de 7,0 sur l'échelle de Richter a ravagé Haïti, provoquant la mort de 316 000 hommes et en blessant 300 000 autres.

- Le 26 décembre 2004, un séisme sous-marin de magnitude 9,1, suivi par un gigantesque raz de marée, a dévasté l'île indonésienne de Sumatra, entraînant la disparition tragique de près de 227 899 vies. Cette catastrophe naturelle reste l'un des pires tsunamis jamais enregistrés dans l'histoire. La puissance de ce séisme correspondrait à 23 000 explosions nucléaires comme celle de Hiroshima.

- Le tremblement de terre survenu dans la province chinoise du Sichuan le 12 mai 2008, faisant 87 652 morts et plus de 374 000 blessés, est considéré comme l'un des pires désastres naturels de tous les temps. Sa magnitude initiale était évaluée entre 7,9.

- Le Pakistan, territoire connu pour son Cachemire, a été frappé par un séisme d'une magnitude approximative de 7,6 le 8 octobre 2005, entraînant la mort de 76 213 personnes et près de 146 500 polytraumatisés.

- Turquie/Syrie : le 6 février 2023, la Turquie a été secouée par un premier tremblement de terre d'une magnitude de 7,8, causant la mort d'environ 56 597 personnes. Cette tragédie sera suivie par une série de répliques.

La sécheresse et les famines

... et il y aura, en divers lieux, des famines.
Luc 21 : 11

Je veux attirer votre attention sur un sujet important : la sécheresse. Elle peut entraîner des famines, notamment dans certaines parties du monde. De nos jours, nous sommes confrontés à une autre menace mondiale : le changement climatique. Notre planète se réchauffe de plus en plus, ce qui signifie inévitablement une insuffisance de moyens dans certaines régions.

L'aridité se caractérise par un manque d'eau, alors que la disette découle de la pénurie de ressources alimentaires due elle-même à cette même absence d'eau. Ces tendances sont appelées à se renforcer dans les années à venir. La dessiccation extrême augmente les risques d'incendies et de famine. C'est pourquoi des feux de brousse sont fréquemment observés dans certaines régions du monde. Le sixième rapport de synthèse du GIEC [Groupe d'experts intergouvernemental sur l'évolution du climat] prévient qu'à cause des activités humaines, le réchauffement climatique atteindra 1,5 °C par rapport à l'ère préindustrielle vers 2030-2035. Bien sûr, ces spéculations et prédictions ne sont que des hypothèses, car il est impossible de restituer de manière systématique une expérience scientifique reproductible à l'échelle de la planète.

Quelques-unes des conséquences du réchauffement climatique, listées ci-dessous sans prétention à l'exhaustivité, peuvent être observées partout dans le monde.

- La diminution significative de certaines espèces de l'écosystème aquatique, de la flore et de la faune.
- L'émergence de tensions dans certaines régions du monde en raison de la pénurie d'eau.
- Des incendies dévastateurs
- Une élévation significative du niveau de la mer, principalement due à deux facteurs : la fonte partielle des glaces continentales et l'expansion thermique de l'eau des océans [augmentation de volume causée par la chaleur]. Une conséquence directe de ce phénomène est l'inondation.

Les maladies : les épidémies et les pandémies

La Bible ne prévoit pas de manière spécifique des pandémies ou des maladies mortelles, comme le COVID-19. Elle a cependant annoncé que des fléaux meurtriers surviendraient [Luc 21 : 11].

Au fil de l'histoire humaine, certains virus ont marqué les esprits en raison de leur impact mondial. Parmi eux, citons le VIH, le virus Ebola, la maladie de la vache folle, le paludisme, la grippe A, le virus H1N1, le SRAS-CoV-2 et, depuis peu, le COVID-19. Il est tentant de croire que ces évènements sont uniques, mais je pense qu'il est sage de considérer la possibilité de nouvelles épidémies et pandémies dans les décennies à venir. Par conséquent, soyez prêts, autant mentalement que spirituellement.

La grande persécution des chrétiens

Le terme « persécution » dérive du grec « Thlipsis », qui signifie généralement « tribulation », « affliction », « tourment », « détresse », « souffrance » et « calamité ».

Pourquoi les chrétiens font-ils l'objet de persécution ? La réponse est plutôt évidente : ils sont opprimés en raison de leur foi. Malheureusement, il n'est un secret pour personne que vivre son engagement religieux peut s'avérer périlleux, en particulier dans certaines régions du globe. Il faut toutefois souligner que cette réalité n'est pas nouvelle. De toute évidence, on retrouve dans les Actes des apôtres, chapitres 6 et 7, où il est raconté comment Étienne fut arrêté, puis lapidé par ceux qui jalousaient sa sagesse. Il était considéré comme un homme rempli de grâce et de puissance.

En restant impartial, on remarque une augmentation de l'oppression des chrétiens dans diverses régions du monde. Effectivement, Jésus avait prédit que les croyants feraient face à des épreuves et qu'ils devraient persévérer jusqu'au bout sans fléchir.

*Vous serez **haïs de tous**, à cause de mon nom ; mais celui qui persévérera jusqu'à la fin **sera sauvé**. Quand on **vous persécutera** dans une ville, fuyez dans une autre. Je vous le dis en vérité, vous n'aurez pas achevé de parcourir les villes d'Israël que le Fils de l'homme sera venu.*

Mathieu 10 : 22-23

*Si vous étiez du monde, le monde aimerait ce qui est à lui ; mais parce que vous n'êtes pas du monde, et que je vous ai choisis du milieu du monde, à cause de cela le **monde vous hait**. Souvenez-vous de la parole que je vous ai dite : le serviteur n'est pas plus grand que son maître. S'ils **m'ont persécuté, ils vous persécuteront aussi** ; s'ils ont gardé ma parole, ils garderont aussi la vôtre.*

Jean 15 : 19-20

Jésus, dans l'Évangile de Jean, affirme avoir choisi des personnes parmi celles du monde. Il met en évidence un fait crucial : étant donné que les brebis du Seigneur ne partagent généralement pas les mêmes idées que les gens du monde, ils seront inévitablement confrontés à une opposition. C'est pourquoi la manière de penser, de se comporter et d'agir des croyants doit être en désaccord avec celle du monde.

Selon le rapport de l'ONG Portes Ouvertes, le nombre de chrétiens persécutés dans la société a augmenté de façon significative, passant de 260 millions en 2019 à plus de 340 millions en 2020. Ce rapport révèle également que le nombre de chrétiens tués pour leur foi a connu une hausse alarmante de 60 %, passant de 2983 à 4761. Plus de 90 % de ces décès ont été enregistrés en Afrique subsaharienne, une région qui connaît une montée en flèche de la violence contre les enfants de Dieu. Le Nigéria arrive une fois de plus en tête des pays les plus dangereux pour les chrétiens, avec 3530 morts en 2020, suivi de la RDC (460) et du Pakistan (307). Et ce ne sont là que les chiffres officiels.

Le nombre de chrétiens emprisonnés pour des motifs religieux a aussi augmenté, atteignant 4277 personnes, comparativement à 3711 en 2019. Près de la moitié sont détenus en Érythrée (1030) ou en

Chine (1010). Il faut noter que cette hausse du taux de persécution est un signe des temps de la fin. On peut toutefois rappeler que, même au temps des disciples, les chrétiens étaient déjà martyrisés.

L'expansion de l'évangile

Dans le livre de Joël, il est annoncé explicitement que, dans les derniers jours, Dieu répandra son Esprit sur toutes chaires. Et que les fils et les filles prophétiseront, les jeunes gens verront des visions et les vieillards auront des songes [Joël 2 : 28]. Il est indéniable que le nombre d'individus choisis pour diffuser l'Évangile a énormément augmenté à travers le monde. Elle s'est véhiculée contre vents et marées, sans aucune limite. Son expansion avait commencé dès l'époque des disciples de Jésus-Christ, mais elle a pris une ampleur considérable aujourd'hui. Cependant, cela ne suffit pas pour Christ, qui veut que le royaume de Dieu soit proclamé à tous les peuples de la terre.

En 2024, on compte environ 8,2 milliards d'êtres humains sur notre planète. Selon les renseignements du site Web Ethnologue.com, il existe actuellement plus de 7000 langues différentes parlées dans le monde. Le Wycliffe Global Alliance affirme que la Sainte Écriture a été entièrement traduite en 756 langues et que 3 756 langues au moins ont une partie des Écritures (Ancien ou Nouveau Testament). Il est important de souligner que les données statistiques sur les utilisateurs de la Bible sont en cours de mise à jour, compte tenu de l'évolution constante de la population mondiale. Toutefois, je suis heureux de partager avec vous les résultats de ces études en 2024, qui témoignent de la progression continue de l'Évangile à travers le monde.

*Cette bonne nouvelle du royaume sera prêchée dans le **monde entier**, pour servir de témoignage à toutes les nations. Alors viendra la fin.*

Mathieu 24 : 14

L'expansion du Saint-Esprit

*Dans les derniers jours, dit Dieu, je répandrai de **mon Esprit sur toute chair** ; vos fils et vos filles prophétiseront, vos jeunes gens auront des visions, et vos vieillards auront des songes. Oui, sur mes serviteurs et sur mes servantes, dans ces jours-là, je **répandrai de mon Esprit** ; et ils prophétiseront. Je ferai paraître des prodiges en haut dans le ciel et des miracles en bas sur la terre, du sang, du feu, et une vapeur de fumée ; le soleil se changera en ténèbres, et la lune en sang, avant l'arrivée du jour du Seigneur, de ce jour grand et glorieux.*

Actes 2 : 17-20

Dans les derniers temps, le Saint-Esprit devrait descendre sur chaque chaire pour que les filles et les garçons prophétisent, que des jeunes aient des visions et que des vieillards aient des rêves. Tous ces évènements sont dans la ligne du temps tracée par Dieu.

Spatio - Temporel III

La Parousia : l'enlèvement de l'Église

Enlèvement : Un mythe ou une vérité

*Voici, je vous dis un **mystère** : nous ne mourrons pas tous, **mais tous nous serons changés**, en un instant, en un clin d'œil, **à la dernière trompette**. La trompette sonnera, et **les morts ressusciteront incorruptibles**, et nous, **nous serons changés**. Car il faut que ce corps corruptible revête l'incorruptibilité, et que ce corps mortel revête l'immortalité. Lorsque ce corps corruptible aura revêtu l'incorruptibilité, et que ce corps mortel aura revêtu l'immortalité, alors s'accomplira la parole qui est écrite : la mort a été engloutie dans la victoire. O mort, où est ta victoire ? O mort, où est ton aiguillon ? L'aiguillon de la mort, c'est le péché ; et la puissance du péché, c'est la loi.*

1 Corinthiens 15 : 51-57

Il est fascinant d'examiner le sens profond du terme « mystère ». Selon le grec, *Musterion*, il s'agit d'une chose cachée, d'un secret difficile à comprendre. En réalité, l'apôtre Paul admet que ce passage des Corinthiens peut sembler énigmatique : *Nous ne mourrons pas tous, mais tous nous serons transformés, en un instant, au son de la dernière trompette*. Il est tentant de penser, à la lumière de notre raisonnement humain, que cela est impossible, car la mort est inévitable pour tous. Selon Paul, l'enlèvement n'est pas une légende, mais un mystère que seul l'Esprit de Dieu peut percer à jour pour les hommes.

C'est dans cette optique que Nicodème a posé sa question à Jésus : *Comment un homme peut-il naître une seconde fois alors qu'il est déjà vieux ?* Nicodème était un érudit, mais il ne comprenait pas l'énigme de la nouvelle naissance. Le secret de l'enlèvement a été partiellement révélé à Jean, ce qui explique pourquoi il reste encore un mystère. En effet, personne ne sait avec certitude ce qui va se passer, ni quand cela arrivera.

*Voici, en effet, ce que nous vous déclarons d'après la parole du Seigneur : nous les vivants, restés pour **l'avènement du Seigneur**, nous ne devancerons pas ceux qui sont morts. Car le Seigneur lui-même, **à un signal donné, à la voix d'un archange**, et au **son de la trompette** de Dieu, **descendra du ciel**, et **les morts en Christ ressusciteront premièrement**. Ensuite, nous les vivants, qui seront restés, nous serons tous ensemble enlevés [arrachés] avec eux sur **des nuées**, à la rencontre du Seigneur dans **les airs**, et ainsi nous serons toujours avec le Seigneur.*

1 Thessaloniciens 4 : 14-17

Voici un petit récit. Cette lettre, écrite par Paul et adressée à l'église de Thessalonique, a été expédiée depuis la ville corinthienne lors de son second voyage apostolique, entre les années 50-51. Dans cet écrit, il emploie la locution « avènement du Seigneur » pour désigner l'arrivée imminente du Christ. De plus, il utilise le verbe grec « *harpazo* » pour décrire l'enlèvement. En revanche, le mot grec « *Parousia* » suggère une entrée triomphale du Fils de Dieu.

Il exploite dans 1 Timothée 6 : 14, le terme grec *épiphaneia*, qui signifie « venir avec éclat ». D'un autre côté, il utilise l'expression « le jour du Seigneur », qui correspond à la période où Christ établira son royaume.

La doctrine de l'enlèvement a été développée au XVIIe siècle par un courant religieux calviniste. Fondamentalement, les calvinistes ne sont pas à l'origine de ces doctrines ou de cette vérité. L'apôtre Paul est l'un des véhicules par lesquels l'Esprit Saint a averti l'humanité.

En d'autres termes, il s'agit d'un évènement surnaturel au cours duquel ceux qui ont reconnu Jésus comme leur Seigneur et leur Sauveur seront enlevés vers les cieux avec lui. Cette croyance ne fait pas l'unanimité : certains la rejettent catégoriquement, tandis que d'autres la considèrent au même degré qu'une fiction ou un dogme spécifique à la théologie évangélique.

Il est certain que l'enlèvement aura lieu, mais que se passera-t-il ensuite si nous n'y assistons pas ? Serons-nous parmi les morts qui ressusciteront d'abord, puisque nous ne serons plus vivants à ce moment-là ? Ou bien échapperons-nous à cette destinée ? Une chose est sûre : il existe certaines exigences pour participer à l'enlèvement.

Qui entrera et qui restera à l'extérieur ?

En ce qui concerne la question de qui entrera et qui n'entrera pas, la Bible apporte des éclaircissements. Lorsque Paul s'adresse à Timothée, il établit une liste non exhaustive de ceux qui ne seront pas admis dans le royaume de Dieu. Autrement dit, ceux qui ne seront pas enlevés s'ils se trouvent encore dans cet état à ce moment-là. C'est pourquoi ce passage biblique énumère, sans toutefois être exhaustif, les individus dépourvus de retenue, les personnes malhonnêtes et les criminels qui se livrent au trafic d'êtres humains. Ils ne manifestent pas les qualités nécessaires pour hériter du royaume de Dieu. Les personnes trompeuses et ceux qui mentent de manière flagrante.

Les impudiques, les infâmes, les voleurs d'hommes, les menteurs, les parjures, et tout ce qui est contraire à la saine doctrine.

1 Timothé 1 :10

Le terme « impudique » vient du mot grec *« Porne »*, qui qualifie des personnes qui se satisfont de relations illicites. Métaphoriquement, un impudique est un idolâtre et un adultère. Dieu déclare que ces personnes ne seront pas admises dans son royaume. Alors, qui entrera dans le royaume de Dieu, qui sera enlevé lors de l'avènement du fils de Dieu ? La Bible dresse une liste d'éléments.

Ceux qui sont prêts

*Pendant qu'elles allaient en acheter, l'époux arriva ; celles qui étaient **prêtes entrèrent** avec lui dans la salle des noces, et la porte fut fermée.*

Mathieu 25 : 10

Mathieu évoque les dix vierges, certaines sages et d'autres folles. Les sages avaient prévu de l'huile en réserve pour leur lampe en prévision de l'arrivée de l'époux, tandis que les folles n'avaient pris que ce qu'il fallait pour leur lampe. Quand le mari est finalement arrivé, il n'a trouvé que les sages et est entré avec elles dans la salle des noces, laissant les aliénées dehors. Les folles ont dû courir chercher de l'huile pour leur veilleuse, mais ont raté l'occasion de participer aux cérémonies. Seuls ceux qui sont préparés pourront entrer. Alors, la question se pose : comment devenir prêt ? Soyez comme les vierges sages. Ayez de l'huile en réserve et ne tracassez pas l'Esprit Saint que Dieu a placé en vous. C'est votre atout, la preuve de l'amour de Dieu par Jésus-Christ.

Ceux qui l'aiment et aiment son avènement

Est-il possible de ne pas aimer Dieu ? Prenez le temps de réfléchir à cette question. Elle peut paraître simple, mais elle peut se révéler complexe.

Désormais, la **couronne de justice** *m'est réservée ; le Seigneur, le juste juge, me la donnera dans ce jour-là, et non seulement à moi, mais encore à tous ceux qui auront* **aimé son avènement***.*

2 Timothée 4 : 8

La couronne, symbole ancestral de la puissance, de l'autorité, de la victoire, de la supériorité, de la justice et de la résurrection, a été réservée par Dieu à ceux qui auront témoigné leur amour pour son arrivée. Cette récompense sera équitablement décernée « ce jour-là ». Vous remarquerez que lorsque Jésus reviendra pour régner sur le monde, Il le fera aux côtés de ceux qui ont attendu et aimé son avènement. Ceux-là, qui ont vécu en harmonie avec ses enseignements et qui ont accompli leurs destinées sur la terre des hommes.

Ceux qui lui appartiennent

Et comme tous meurent en Adam, de même aussi tous revivront en Christ, mais chacun en son rang. Christ comme prémices, puis ceux qui **appartiennent** *à Christ, lors de son avènement.*

1 Corinthiens15 : 22-23

Pourquoi Paul évoque-t-il l'idée d'appartenance en soulignant que certains ne font pas partie du groupe ? Ne sommes-nous pas tous des enfants de Dieu ? Si un père traitait ses petits différemment, cela susciterait de la jalousie et des tensions entre les frères et sœurs. Dans ce cas, les humains sont-ils tous des enfants de Yahweh ? N'oubliez pas ceci : ceux qui ont cru en son nom ont reçu le pouvoir de devenir des enfants de Dieu, nés non pas de la volonté de la chair, mais du Père Céleste lui-même. Qui sont donc ceux qui lui appartiennent ? Comme Paul l'écrit aux Galates, ceux qui appartiennent à Jésus-Christ ont crucifié leurs désirs mauvais, qui les entraînaient [Galates 5 : 24], une fois qu'ils sont devenus des rejetons de Dieu. Par conséquent, ceux qui ne lui appartiennent pas ne pourront pas entrer.

Ceux qui auront persévéré

*Vous serez haïs de tous, à cause de mon nom ; mais celui qui **persévérera** jusqu'à la fin sera sauvé.*

Mathieu 10 : 22

Parce que tu as gardé la parole de la persévérance en moi, je te garderai aussi à l'heure de la tentation qui va venir sur le monde entier, pour éprouver les habitants de la terre.

Apocalypse 3 : 10

Le mot grec *hupomone*, qui se traduit par endurance et constance, est utilisé pour décrire la persévérance. Un trait de caractère d'un homme qui ne se laisse pas décourager par les épreuves et les souffrances les plus difficiles, et qui reste décidé à atteindre son objectif initial.

Votre vie en Christ sera parsemée d'embûches et d'obstacles, c'est une certitude absolue. La manière dont vous les surmonterez déterminera votre futur. Je vous raconte une histoire : un jour, M. Discret discutait avec un de ses amis de la foi après le travail. Ce dernier était fier de lui présenter sa réflexion et sa vision sur la nature de l'esprit, qui s'éloignait un peu de ce qu'il avait toujours appris. Monsieur Discret, frustré par cette approche, s'énerva contre son compagnon. « Ta théorie est erronée et sans fondement », lui dit-il. « Mais toi, tu es chrétien ; donne-moi ton point de vue sur la question de l'esprit », lui répliqua son ami. Monsieur Discret, qui ne savait pas quoi dire, se retrouva dans une situation inconfortable, et son collègue se mit à rire de lui. Après s'être séparé de son partenaire ce jour-là, Discret était rempli de colère envers Dieu, qui ne lui a pas apporté son aide. Il a décidé de ne plus partager sa foi.

À l'instar de monsieur Discret, des évènements vous ont peut-être causé de l'humiliation, mais ne vous découragez pas. Jésus a lui aussi été humilié, mais cela ne l'a pas empêché d'être élevé au-dessus de tout. Ne laissez pas les circonstances et les péripéties quotidiennes vous faire douter de vos convictions. Tenez bon, résistez et vous verrez la récompense.

Un personnage sage a un jour énoncé cette maxime : « Si l'on me demandait de parier sur l'éternité, je le ferais, même si je réalisais qu'il n'y a rien de l'autre côté. Je perdrais, mais cela n'entraînerait aucune conséquence. En revanche, si je refuse de miser sur l'éternité et qu'il s'avère qu'elle existe sans doute, je serai profondément déçu et souffrirai ad vitam æternam. Non seulement je serais perdant pour l'éternité, mais je serais aussi torturé pour toujours. Donc, selon vous, quelle est la bonne décision ? »

Oui, la vie en Christ est un marathon dont il faut achever la course. Tout n'est pas acquis, mais tout dépend de vous et de votre foi en

Dieu.

Ceux qui l'attendent

*De même Christ, qui s'est offert une seule fois pour porter les péchés de plusieurs, apparaîtra sans péché une seconde fois à **ceux qui l'attendent** pour leur salut.*

Hébreux 9 : 28

La condition sine qua non pour que Christ apparaisse à son épouse, comme le dit Paul aux Hébreux, est l'attente. D'habitude, le principe de l'attente est défini par un temps connu. Dans ce cas précis, il s'agit d'une espérance sans borne temporelle. Par conséquent, seuls ceux qui l'attendent entreront. Attendre signifie être conscient de sa venue et faire ce qu'il faut pour la préparer, comme une conjointe qui attend le retour de son mari.

Comment se fera l'enlèvement ?

*Voici, je vous dis un mystère : nous ne mourrons pas tous, mais tous **nous serons changés**, en un instant, en un clin d'œil, **à la dernière trompette**. La trompette sonnera, et **les morts ressusciteront incorruptibles**, et nous, **nous serons changés**. Car il faut que ce corps corruptible revête l'incorruptibilité, et que ce corps mortel revête l'immortalité.*

1Corinthiens15 : 50-55

Effectivement, la Bible décrit comment l'enlèvement aura lieu, mais pas quand il se produira. Ainsi, ceux qui sont décédés en étant en Christ ressusciteront et ceux qui sont encore sur terre en Christ se joindront à eux pour monter dans les airs et rencontrer Jésus, qui les emmènera au ciel.

*Car le Seigneur lui-même, à un signal donné, à la voix d'un archange, et **au son de la trompette de Dieu**, descendra du ciel, et les morts en Christ ressusciteront premièrement. Ensuite, nous les vivants, qui seront restés, nous serons tous ensemble enlevés avec eux sur des nuées, à la rencontre du Seigneur dans les airs, et ainsi nous serons toujours avec le Seigneur.*

1 Thessaloniciens 4 : 16-17

Selon les écrits de l'apôtre Paul aux chrétiens de Corinthe, l'ultime trompette marquera le commencement de l'enlèvement, cependant il parle uniquement de la trompette qui sonnera aux chrétiens de Thessalonique. Or, nous savons que le livre d'Apocalypse parle de sept trompettes, ce qui signifie que c'est la septième trompette qui annoncera le début de l'enlèvement. Toutefois, il faut garder à l'esprit que Dieu ne révèle les choses aux humains qu'en partie [1 Corinthiens 13 : 9-10]. Examinons à nouveau le processus d'enlèvement, décrit par Paul dans sa lettre aux Thessaloniciens.

- À un signal donné par la voix d'un Archange [le chef des anges] et le son de la trompette de Dieu [1 Thessaloniciens 4 : 16], le Seigneur descendra du ciel [1 Corinthiens 15 : 52]. Paul ajoute une précision dans sa lettre aux Corinthiens « ... *au son de la dernière trompette...* ».

- Le Seigneur descendra du ciel. Lorsque Paul parle du « Ciel », il ne fait pas référence au firmament, mais au troisième ciel.

- Les personnes décédées en suivant le Christ ressusciteront en premier lieu. Ce sont celles qui ont reconnu Jésus comme leur Seigneur et Sauveur, qui ont vécu selon ses enseignements contre vents et marées et qui se sont soumises à sa parole sur terre.

- Les vivants seront ravis dans les airs ou les nuages. Leurs corps seront transformés, revêtus de l'incorruptibilité et de l'immortalité. Sans doute, lorsqu'il évoque les « aires », il fait référence à la zone intermédiaire entre le ciel et la terre, d'après Éphésiens 2 : 2 [version Parole de Vie 2017].

- Deux catégories d'individus rejoindront Jésus-Christ dans les nuages : les personnes encore en vie, ainsi que les morts en Christ. Quel évènement remarquable ! Les croyants qui seront encore en vie garderont leur corps, mais celui-ci sera transformé.

En effet, le Seigneur va rencontrer son Épouse dans les aires. Et souvenez-vous que le monde est actuellement dirigé par le prince de la puissance de l'air [Éphésiens 2 : 2]. Cette rencontre avec l'Église se fera donc exactement au siège de satan. Ce geste symbolise la suprématie triomphante de Jésus, vainqueur sur la croix.

La date du retour de Jésus-Christ

Il leur répondit : ce n'est pas à vous de connaître les temps ou les moments que **le Père a fixés de sa propre autorité.**

Actes 1 : 7

Les disciples ont interrogé Jésus sur le moment de son enlèvement ou de sa résurrection, demandant quand le monde prendrait fin. Jésus a répondu que seul Dieu connaissait cette information. De plus, Matthieu ajoute que même le Fils ne connaît pas la date ni l'heure exacte de cet évènement. Cela signifie que Jésus, qui est le Fils de Dieu, ne sait pas quand il reviendra sur terre pour rencontrer son Église.

Pour ce qui est du jour et de l'heure, personne ne le sait, ni les anges des cieux, **ni le Fils, mais le Père seul.**

Mathieu 24 : 36

Il est intéressant de noter qu'aucun être humain ne peut prétendre connaître la date du retour de Jésus. Martin Luther et John Wesley ont annoncé que le monde prendrait fin pendant leur existence ou peu après leur décès. De son côté, Charles Russell, fondateur des témoins de Jéhovah, avait prédit le retour de Jésus en 1874, puis à nouveau en 1914. Souvenons-nous de la panique de l'an 1000, puis celle de l'an 2000, et plus récemment celle du 21.12.2012 [fin du calendrier maya]. Selon les estimations de certains, le millénaire serait sur le point d'arriver, car, d'après eux, un jour équivaut à mille ans ; or, près de 6000 ans se seraient déjà écoulés depuis Adam.

D'autres s'appuient sur le calcul des 70 semaines de Daniel [1 semaine correspondant à sept ans] [Daniel 9, 26-27] et en concluent que nous sommes très proches de l'enlèvement. Selon ce raisonnement, après 490 années, l'enlèvement doit avoir lieu. Il est facile de se tromper dans ces calculs, car qui peut réellement déterminer la durée d'une génération à partir de laquelle la dernière semaine de Daniel commence [Mathieu 24 : 34]. Quel calendrier sert de base pour ces appréciations, le julien ou le grégorien ? Il y a tant d'hypothèses et d'inconnues qui, bien sûr, laissent Dieu comme seul possesseur de cette date.

Prétendre détenir la connaissance exacte d'une date est illusoire. Restons ouverts au fait que cela pourrait arriver à tout moment, mais avant cela, la Parole doit être prêchée dans toutes les nations. Qui sait si ce sera un mardi, un lundi, voire même un dimanche ? Soyons juste préparés.

*Veillez donc, puisque vous ne savez pas **quel jour** votre Seigneur viendra.*

Mathieu 24 : 42

*C'est pourquoi, vous aussi, tenez-vous prêts, car le Fils de l'homme **viendra à l'heure où vous n'y penserez pas.***

Mathieu 24 : 44

Il viendra au moment où nous n'y penserons pas. Quand cela arrivera-t-il ? Peut-être qu'un tel évènement se produira pendant que tout le monde dormira profondément [Marc 13 : 33-35]. Jésus évoque des moments où les gens pourraient disparaître subitement : deux personnes en plein sommeil, un est emporté tandis que l'autre reste là, ou encore, de deux travailleurs agricoles, l'un étant ravi parmi eux [Luc 17 : 34-36]. En réalité, cela pourrait arriver à tout moment, y compris en plein jour, et tout œil le verra [Apocalypse 1 : 7]. Il serait tentant de dire que la Bible se contredit, car elle parle des personnes qui marcheront dans les champs et des individus qui seront en train de dormir. Bien entendu, le monde est divisé en différents fuseaux horaires. Par exemple, il y a environ 10 à 11 heures de décalage entre la France en Europe et la Papouasie–Nouvelle-Guinée.

Le moment du retrait de l'Église fait l'objet d'un débat animé. En réalité, il y a habituellement trois points de vue différents.

- Le prétribulationisme : Les prétribulationistes croient que l'Église sera enlevée avant la 70e semaine de Daniel 9 : 24-27, c'est-à-dire avant la tribulation.

- Le mitribulationisme : Les mitribulationistes croient que l'Église sera ravie au milieu de la 70e semaine de Daniel, qui correspond à la moitié de la période de la tribulation.

- Le postribulationisme, quant à lui, affirme que l'église sera enlevée à la fin de la tribulation. C'est-à-dire que l'enlèvement va coïncider avec le 2e retour de Christ.

Vous devez sans doute vous demander : « Quelle est donc la vérité ? » Le Saint-Esprit et les Écritures sont là pour renforcer et ancrer votre foi. En vous appuyant sur eux, vous serez éclairé. Nous allons dès lors examiner notre point de vue sur le chapitre de la tribulation en utilisant des exemples bibliques pour étayer cette hypothèse.

Le rouleau aux sept sceaux

Dans l'Apocalypse de Jean, le rouleau à sept sceaux revêt une grande importance symbolique. Personne ne sera jugé digne d'ouvrir ces sceaux et de révéler leur contenu avant l'apparition de l'Agneau de Dieu. Selon Marcus Maxewell : *« Ces quelques visions donnent un aperçu de l'histoire du monde et pas seulement une image de temps lointains de la fin »*.

Les sceaux représentent le jugement divin. Leur rupture entraîne une série de catastrophes. Dans l'Apocalypse, chapitre 6, verset 1, l'Agneau a ouvert les sept timbres. Certains exégètes croient que les sept tampons et les sept trompettes décrivent les mêmes évènements. Cette interprétation n'implique pas nécessairement un ordre chronologique.

En ce qui me concerne, et selon le livre d'Apocalypse 8 : 1-6, les anges, ont reçu sept trompettes après l'ouverture du septième sceau. Cela laisse croire à une certaine séquence chronographique dans la succession des évènements dépeints dans le livre de l'Apocalypse.

*Au premier char il y avait des **chevaux roux**, au second char **des chevaux noirs**, au troisième char **des chevaux blancs**, et au quatrième char des **chevaux tachetés, rouges**.*

Zacharie 6 : 2-3

Zacharie décrit quatre variétés de chevaux sur chaque char : les roux, les noirs, les blancs et les tachetés rouges. Après avoir consulté l'ange, il apprend que les quatre chars avec les chevaux sont « les quatre vents des cieux ». Cette information demeure nébuleuse, mais elle pourrait être clarifiée par l'Esprit de Dieu, à condition que celui-ci veuille bien vous la révéler, car il y a certains éléments qui doivent rester un mystère.

L'ouverture du premier sceau

*Je regardai, quand l'agneau ouvrit un des sept sceaux, et j'entendis l'un des quatre êtres vivants qui disait comme d'une voix de tonnerre : Viens. Je regardai, et voici, parut un **cheval blanc**. Celui qui le montait avait **un arc** ; **une couronne** lui fut donnée, et il partit en **vainqueur** et pour **vaincre**.*

Apocalypse 6 : 1-2

L'un des quatre êtres vivants s'écrie « Viens », à quoi l'apparition du cheval blanc répond. Ce dernier est lié à la guerre, comme en témoignent l'arc et la couronne qui lui ont été remis, de même que sa faculté de vaincre.

En effet, le cavalier du cheval blanchâtre porte une couronne et part en mission pour gagner. Cette association avec l'hostilité n'est pas toujours claire, cependant : les interprétations diffèrent quant au sens précis de cette image. Certains y voient le Messie, porteur de paix, alors que d'autres y aperçoivent un cavalier venu punir, par la conquête. La véritable signification reste un mystère, surtout si l'on considère que c'est le Messie ou l'Agneau qui brise les sceaux.

La couronne est souvent associée à la royauté, ce qui confère une autorité royale à celui qui la revêt. Le cavalier du cheval blanc porte également un arc, une ancienne arme de chasse et de guerre utilisée par les nomades du désert. On le retrouve aussi dans l'histoire biblique de 1 Samuel 18 : 4, qui raconte l'amitié entre David et Jonathan.

Qui est le cavalier du cheval blanc, d'où vient son pouvoir et quel est son rôle précis dans l'Apocalypse de Jean ? Ces questions suscitent différentes interprétations. Elles demandent une réflexion personnelle pour en arriver à une compréhension profonde.

L'ouverture du deuxième sceau

Et il sortit un autre **cheval, roux.** *Celui qui le montait reçut le* **pouvoir d'enlever la paix** *de la terre, afin que les hommes* **s'égorgeassent** *les uns les autres ; et une grande* **épée** *lui fut donnée.*

Apocalypse 6 : 4

Une fois ce sceau rompu, un cavalier sur un cheval rouan brandissant une longue épée émergera. Il sera investi du pouvoir d'anéantir la tranquillité sur terre. Sa mission sera d'inciter les gens à s'entretuer. Cette vision apocalyptique est une représentation symbolique de la violence et de l'affrontement qui déchirent le monde.

L'épée dépeint la guerre, la haine entre les nations et les individus, ainsi que la souffrance et la punition divine. Dans la tradition biblique, la lame est principalement utilisée pour couper et transpercer, comme le relate Josué 6 : 21 : « *Ils frappèrent tout ce qui était dans la ville, hommes et femmes, jeunes et vieux, jusqu'aux bœufs, aux brebis et aux ânes, en les frappant du tranchant de l'épée* ».

L'ouverture du troisième sceau

Quand il ouvrit le troisième sceau, j'entendis le troisième être vivant qui disait : Viens. Je regardai, et voici, parut un **cheval noir***. Celui qui le montait tenait une* **balance dans sa main***. Et j'entendis au milieu des quatre êtres vivants une voix qui disait :* **une mesure de blé** *pour* **un denier***, et* **trois mesures d'orge** *pour* **un denier** *; mais ne fais point de mal à* **l'huile et au vin***.*

Apocalypse 6 : 5-6

Lorsque le cavalier, monté sur un cheval noir, apparaîtra, il tiendra une balance dans sa main et déclarera une sentence alimentaire : une mesure de blé pour un denier, et trois mesures d'orge pour un denier. Un denier correspond approximativement à trois ou quatre grammes, ce qui représente environ le gain quotidien d'un travailleur, comme mentionné par Mathieu 20 : 2. Une consigne a été donnée au cavalier : *Ne fais point de mal à l'huile et au vin*. L'interprétation de la signification de l'huile et du vin en ce contexte reste sujette à spéculation.

Dans ce passage de l'Apocalypse, la balance symbolise la disette, c'est-à-dire qu'il y aura une quantité limitée de provisions par personne. L'utilisation de l'orge, qui était principalement réservée à l'alimentation des bêtes en Palestine, met l'accent sur la famine et la pénurie de vivres. Les rabbins la désignaient d'ailleurs sous le nom de « nourriture des animaux ».

L'ouverture du quatrième sceau

*Je regardai, et voici, parut un cheval d'une **couleur pâle**. Celui qui le montait se nommait **la mort**, et le **séjour des morts** l'accompagnait. Le pouvoir leur fut donné sur le quart de la terre, pour faire **périr les hommes par l'épée, par la famine,** par **la mortalité**, et par les **bêtes sauvages de la terre**.*

Apocalypse 6 : 7-8

Lorsque l'agneau ouvre le quatrième sceau de l'Apocalypse, la mort surgit sur un cheval pâle, accompagnée par le séjour des morts. Ils recevront le pouvoir de mettre fin à la vie des hommes par l'épée, la famine, la pestilence et les animaux impitoyables de la terre. Il est certain qu'à ce moment-là, le monde vivra un désastre sans précédent. Les humains connaîtront la mort, non seulement par les mains de leurs congénères, mais aussi à cause des bêtes féroces.

L'ouverture du cinquième sceau

*Quand il ouvrit le cinquième sceau, je vis sous **l'autel les âmes** de ceux qui avaient été immolés à cause de la parole de Dieu et à cause du témoignage qu'ils avaient rendu. Ils crièrent d'une voix forte, en disant : Jusques à quand, Maître saint et véritable, tardes-tu à juger, et à tirer vengeance de notre sang sur les habitants de la terre ? **Une robe blanche** fut donnée à chacun d'eux ; et il leur fut dit de se tenir en repos quelque temps encore, jusqu'à ce que **fût complet le nombre de leurs compagnons de service** et de leurs frères qui devaient être mis à mort comme eu.*

Apocalypse 6 : 9-11

Des distinctions honorifiques seront décernées aux personnes sacrifiées parce qu'elles étaient fidèles. On leur communiquera une directive claire : attendre que le nombre de leurs camarades augmente. Selon les annotations médiévales du Talmud, plus précisément celles connues sous le nom de Tossafot, ce verset évoque le sacrifice des saints, ces individus ayant perdu la vie en raison de leur témoignage. En effet, le mot hébreu « *maturia* », qui se traduit par « témoin » dans les Actes 7 : 59, désigne un martyr.

L'ouverture du sixième sceau

*Je regardai, quand il ouvrit le sixième sceau ; et il y eut un **grand tremblement de terre**, le soleil **devint noir** comme un **sac de crin**, la **lune entière devint comme du sang**, et les étoiles **du ciel tombèrent sur la terre**, le ciel se retira comme un livre qu'on roule ; les rois de la terre, les grands, les chefs militaires, les riches, les puissants, tous les esclaves et les hommes libres se cachèrent dans les cavernes.*

Apocalypse 6 : 12-16

Lorsque l'agneau ouvrira le sixième sceau de l'Apocalypse, un séisme majeur se produira. Le soleil deviendra sombre, la lune se teintera de sang et les étoiles du ciel tomberont sur la terre. Les montagnes et les îles trembleront peut-être en raison de l'activité volcanique. Les rois, les dirigeants, les chefs militaires, les riches, les puissants, les esclaves et les hommes libres chercheront refuge dans les grottes et sous les montagnes. Dans ce cas, pensez-vous que la lune ait perdu son éclat ? Si c'est le cas, cela signifie que le soleil s'est assombri. Il n'y a alors plus de source lumineuse qui puisse se refléter sur la lune pour qu'elle brille. L'Apocalypse de Jean et les prophètes de l'Ancien Testament décrivent des évènements similaires liés à la fin des temps.

Car les étoiles des cieux et leurs astres ne feront plus briller leur lumière, **Le soleil s'obscurcira** *dès son lever, et la* **lune ne fera plus luire sa clarté.**

Ésaie13 : 10

Les montagnes s'ébranlent devant lui, et les collines se fondent ; La terre se soulève devant sa face, Le monde et tous ses habitants. Qui résistera devant sa fureur ? Qui tiendra contre son ardente colère ? Sa fureur se répand comme le feu, et les rochers se brisent devant lui.

Nahum 1 : 5-6

<u>*L'ouverture du septième sceau*</u>

L'ouverture du septième sceau marquera le début des jugements apportés par les sept trompettes, qui seront sonnées par sept anges. Ce sera le signe que Christ est sur le point d'arriver. Avant cela, il y aura 30 minutes de silence dans les cieux.

Quand il ouvrit le septième sceau, il y eut dans le ciel **un silence d'environ une demi-heure***. Et je vis les* **sept anges** *qui se tiennent devant Dieu, et sept trompettes leur furent données... Et les sept anges qui avaient les sept trompettes se préparèrent à en sonner.*

Apocalypse 8 : 1-6

Les sept premières trompettes

L'Apocalypse est le seul ouvrage biblique où il est question des sept trompettes. Ce livre, qui aurait été révélé de manière surnaturelle à Jean sur l'île de Patmos, est mentionné par plusieurs Pères apostoliques du deuxième siècle [Papias, Irénée, Tertullien et Clément d'Alexandrie]. Ces trompettes sont soufflées par sept anges et annoncent l'exécution de jugements divins plus sévères que ceux des sept sceaux. Le but de ces jugements sera de ramener l'humanité à reconnaître la grandeur de Dieu, mais les humains continueront de le rejeter.

Les six premières trompettes de l'Apocalypse présentent des similitudes avec les évènements décrits dans l'histoire de l'Égypte antique. Les deux premières trompettes évoquent le sang : la flamme mêlée de sang et la mer qui devient comme du liquide écarlate. Lors d'une éruption volcanique, des laves rouges peuvent être propulsées dans l'air et peuvent atteindre les 1200 °C et refroidissent lentement en produisant des fontaines de magma permanentes. Il est possible que Jean ait fait allusion à de telles éruptions volcaniques lorsqu'il a parlé du feu mêlé de sang.

La première trompette : La grêle et le feu mêlés de sang

*Le premier sonna de la trompette. Et il y eut de la **grêle** et du **feu** mêlés de **sang**, qui furent jetés sur la terre ; et le **tiers de la terre** fut brûlé, et le **tiers des arbres** fut brûlé, et **toute herbe verte fut brûlée**.*

Apocalypse 8 : 7

Dans ce passage, Jean décrit une pluie de grêle et de flammes teintées de sang qui s'abat sur la terre. L'usage conjoint de la grêle et du feu par Dieu est souvent perçu comme un châtiment ou une sanction imposée aux êtres humains. Le son strident de cette trompette entraînera des répercussions désastreuses, anéantissant un tiers des arbres et compliquant considérablement l'approvisionnement en nourriture pour le bétail et les autres espèces animales. Si un tiers de la surface terrestre est ravagé par les flammes, cela occasionnera une hausse significative de la faim, car les ressources alimentaires seront insuffisantes pour subvenir aux besoins de plusieurs milliards d'individus. À ce stade, une question cruciale se pose : quand retentira la première trompette ? Est-elle déjà en train de résonner ? Est-il possible de prédire avec certitude le moment où elle sera entendue ?

Pour ma part, en écrivant ces lignes, certaines plantes verdoyantes subsistent encore. Est-ce que cela veut dire que le tiers de notre planète n'est pas encore détruit ? Je vous laisse le soin de méditer sur cette question.

La deuxième trompette : la mer en sang

*Le second ange sonna de la trompette. Et quelque chose comme une **grande montagne embrasée par le feu fut jeté dans la mer** ; et le **tiers de la mer devint du sang**, et le tiers des créatures qui étaient dans la mer et qui avaient vie mourut, et le tiers des **navires périt**.*

Apocalypse 8 : 8-9

Lorsque le second cornet retentit, une montagne incandescente fut précipitée dans l'océan, ce qui fit que le tiers de sa surface se changea en sang. Par voie de conséquence, un tiers des espèces aquatiques disparurent, tout comme un bateau sur trois.

Aujourd'hui, nous faisons face au changement climatique, qui menace les écosystèmes marins. Des actions sont actuellement entreprises pour limiter ses effets sur la vie nautique. Bien que des mesures de protection et de prévention soient mises en place, l'océan continuera de perdre une quantité significative de ses espèces marines au fil des années.

La troisième trompette : les eaux empoissonnées par l'absinthe

*Le troisième ange sonna de la trompette. Et il tomba du ciel une grande **étoile ardente** comme un flambeau ; et elle tomba sur **le tiers des fleuves** et sur les **sources des eaux**. Le nom de cette étoile est Absinthe ; et le tiers des eaux fut changé en absinthe, et beaucoup d'hommes moururent par les eaux, parce qu'elles étaient devenues amères.*

Apocalypse 8 : 10-11

Au moment où retentira la troisième trompette, un astre incandescent s'écrasera depuis le firmament. Bien qu'on puisse supposer qu'il s'agit du soleil, il n'est pas spécifié comme tel. Ce corps céleste embrasé tombera dans les cours d'eau et les sources, et on l'appelle « Absinthe ». L'absinthe possède un goût particulièrement amer, si bien que beaucoup de gens périront, car l'eau deviendra imbuvable à cause de cette étoile. Il attaque la ressource vitale par excellence des êtres humains, c'est-à-dire l'eau.

La quatrième trompette : la perte de clarté des luminaires

*Le quatrième ange sonna de la trompette. Et le tiers **du soleil fut frappé**, et le **tiers de la lune**, et le **tiers des étoiles**, afin que le tiers en fût obscurci, et que le jour perdît un **tiers de sa clarté**, et la nuit de même.*

Apocalypse 8 : 12

Quand la quatrième trompette retentira, les sources lumineuses subiront une diminution significative de leur brillance, entraînant ainsi une réduction correspondante de l'éclat du jour et de la nuit. Selon les estimations des spationautes, notre étoile, le soleil, aurait approximativement 4,6 milliards d'années. Après avoir épuisé son approvisionnement en hydrogène, il connaîtra une transformation profonde : sa teinte deviendra rouge et il commencera à s'étirer, semblable à un ballon gonflable. De plus, les spéculations scientifiques abordent également le sujet de la fin ultime du soleil. La question se pose alors : notre soleil a-t-il vu sa luminosité diminuer d'un tiers ? Réfléchissez-y bien.

La cinquième trompette : les sauterelles au caractère de scorpions

Lorsque la cinquième trompette retentira, une étoile tombera sur la terre, laissant un cratère gigantesque à travers lequel s'échappera une fumée épaisse qui assombrira le soleil et l'atmosphère. De cette fournaise émergeront des sauterelles dotées de la puissance des scorpions : la capacité d'inoculer leur venin à leur victime. Elles ont reçu l'interdiction de détruire les herbes et les plantes présentes sur terre [Apocalypse 9 : 3].

Les répercussions de cette trompette ne s'arrêtent pas là. Ce qui rend cette section intéressante, c'est que, bien qu'elles soient capables de mordre comme des scorpions, les sauterelles sont programmées pour attaquer exclusivement les humains qui n'ont pas la marque divine sur leur front. Toutefois, leur objectif n'est pas de mettre fin à leurs jours, mais plutôt de les torturer durant une période de cinq jours [Apocalypse 9 : 5]. Étonnamment, ces hommes seront incapables de mettre fin à leurs souffrances, même s'ils en ont envie.

Permettez-moi de vous décrire brièvement les sauterelles qui ont émergé de la fournaise. Elles porteront des couronnes d'or sur leur tête, et elles auront le visage des hommes. Leurs cheveux seront comparables à ceux des femmes et leurs dents seront comme celles des lions. De plus, elles arboreront des queues semblables à celles des scorpions, et elles seront montées par l'ange de l'abîme, connu sous le nom d'« *abaddon* » en hébreu.

La sixième trompette : les quatre anges de l'Euphrate

*Et les **quatre anges** qui étaient prêts pour l'heure, le jour, le mois et l'année, furent **déliés** afin qu'ils tuassent **le tiers des hommes**.*

Apocalypse 9 : 15

Au son de la sixième trompette, les quatre anges, jusque-là liés sur le fleuve majestueux de l'Euphrate, seront enfin libérés. Ils auront pour mission d'exécuter un tiers de l'humanité. Ces guerriers montaient des chevaux dont les têtes ressemblaient à celles de lions, et leur haleine était empreinte de fumée, de flammes et de soufre. Ce sont ces éléments qui ont causé la mort d'un tiers des hommes. Avec une armée de 200 millions d'hommes, soit deux myriades de myriades, où chaque myriade représente 10 000 soldats. Il est important de noter que le soufre dégage une odeur forte, étouffante et similaire à celle d'un œuf pourri. Une exposition prolongée peut entraîner le décès.

Malheureusement, ceux qui ont survécu à ces calamités ne se sont pas amendés pour leurs actes répréhensibles [l'idolâtrie, le culte des démons, l'avarice, la cupidité, les meurtres, les vols, la sorcellerie, etc.].

Les sept tonnerres

*Et quand les **sept tonnerres** eurent fait entendre leurs voix, j'allais écrire ; et j'entendis du ciel une voix qui disait : scelle ce qu'ont dit les sept tonnerres, et ne l'écris pas... qu'il n'y aura plus assez de temps.*

Apocalypse 10 : 4-6

Après que la sixième trompette a retenti, un ange a crié de toutes ses forces, ce qui a fait résonner les sept tonnerres. Cependant, la signification de ces derniers demeure un secret, car Jean a été chargé de les sceller. La discussion entre l'apôtre Jean et l'ange sur le sujet des foudres est empreinte de mystère, et tout ce que l'ange a révélé à Jean est qu'il ne reste plus assez de temps.

Les deux témoins

Dans l'Apocalypse 11 : 5, les deux témoins prophétisent pendant 1260 jours, soient, approximativement 3,5 ans, avant de mourir en tant que martyrs. Par la suite, ils ressuscitent et sont ravis, ce qui pourrait correspondre au moment de l'enlèvement. Le chapitre 11 : 3-12 leur attribuent aussi des noms symboliques, « deux oliviers » et « deux chandeliers ». La période précise de 1260 jours est mentionnée à plusieurs reprises dans la Bible.

D'après le passage de Jacques, chapitre 5, verset 17, il est évoqué que le prophète Élie a fermé les portes du firmament pendant 1260 jours, interdisant ainsi, une goutte de pluie de s'y déverser. Le jugement de Dieu contre le roi Nabuchodonosor a également duré 1260 jours avant qu'il ne retrouve ses esprits. De plus, la prophétie de Daniel, située dans la ville de Babylone, met en évidence un royaume représenté par une bête qui règnera pendant 1260 jours.

En ce qui concerne l'identité des deux témoins mentionnés dans l'Apocalypse, il existe trois théories différentes, chacune d'elles attribuant leur identité à des personnages de la Bible spécifiques.

- La première hypothèse avance que les deux témoins seraient Moïse et Élie, deux prophètes majeurs de l'Ancien Testament.
- La seconde interprétation émet l'idée que ce seraient Hénoch et Élie, deux figures bibliques ayant été toutes deux enlevées au ciel avant de connaître la mort.
- Finalement, le troisième postulat suggère que les deux témoins sont des personnalités anonymes. Bien entendu, les noms de ces derniers ne sont jamais mentionnés dans les Saintes-Écritures, ce qui laisse croire que ce sont des inconnus.

En effet, selon le livre de Malachie 4 : 5, Dieu annonce l'envoi du prophète Élie avant le jour du jugement : « Voici, je vous enverrai le prophète Élie avant que le jour de l'Éternel n'arrive ». Certains interprètent cette prophétie comme une indication qu'il reviendra avant la fin des temps. Cette éventualité est renforcée par le fait que le livre des Rois raconte que ce dernier a été enlevé au ciel sans connaître la mort. Il se pourrait bien que cette prédiction fasse référence au retour d'Élie, l'un des deux témoins signifiés dans l'Apocalypse. Quoique cette hypothèse ait fait l'objet de débats animés, elle reste une simple théorie, et il est impossible de confirmer l'identité de ces mystérieux personnages.

Pourquoi évoquer Moïse en lien avec les deux témoins cités dans l'Apocalypse ? Dans le Nouveau Testament, la présence de Moïse et d'Élie à côté de Jésus pendant sa transfiguration a renforcé l'idée que

Moïse pourrait être l'un des deux témoins rapportés dans les Saintes Écritures.

La figure biblique d'Hénoch est fréquemment abordée dans les discussions sur l'identité des deux témoins désignés dans l'Apocalypse en raison de son enlèvement. Quelques théologiens perçoivent cela comme une condition pour l'un des deux rôles des témoins, mais cette interprétation reste une théorie et n'est pas clairement établie dans les Écritures.

La septième trompette : l'établissement du règne de Christ

Dans l'Apocalypse 11 : 12, il est dit que lorsque le septième ange soufflera de sa trompette, le règne de Jésus-Christ sera établi. De plus, Paul fait référence à la « dernière » trompette dans sa première épître aux Corinthiens 15 : 52. Il y a donc une possibilité que cette fameuse « dernière » trompette soit en réalité la septième. L'Apocalypse 11 : 14, annonce l'arrivée imminente du troisième malheur et le verset 15 du même chapitre parle de la septième trompette qui correspondrait à la reprise du royaume du monde par Le Seigneur et son Messie.

La septième trompette sonnera, annonçant la parousia, le retour glorieux du Christ sur terre pour y emmener son Épouse. En réalité, cet évènement devrait remplir de joie tous les chrétiens, puisque c'est en ce jour qu'ils verront totalement sa gloire. C'est pourquoi il est important d'augmenter le nombre de personnes qui seront sauvées grâce à la Bonne Nouvelle de l'Évangile. Lorsque retentira cette ultime fanfare céleste, sept messagers angéliques répandront les sept gobelets emplis de la fureur divine sur notre planète.

Vous pourriez sans doute ne pas être d'accord avec cette approche et c'est tout à votre honneur. Ce qui compte vraiment, c'est que Jésus reviendra chercher son Église. Préparons-nous en vivant pleinement la vie qu'il nous a confiée, en faisant des disciples, et en manifestant son amour sur la terre. Ainsi, les hommes reconnaîtront que nous faisons partie de sa famille. Souvenez-vous qu'Il a fait de nous des sacrificateurs et des rois pour régner dans le monde.

Spatio - Temporel IV

Le Thlipsis, la tribulation et les noces

La période de grande détresse

Le mot « tribulation » dérive du grec « *Thlipsis* », qui se traduit par « affliction », « tourment », « détresse », « souffrance », « persécution » ou « calamité ». Étymologiquement, le terme « affliction » en grec et en hébreu évoque une pression ou une anxiété accablante. Il y aura une période où l'humanité sera soumise à une épreuve douloureuse et angoissante. Les croyants et les incrédules endurent déjà des challenges quotidiens et annuels. Néanmoins, la douleur et la persécution qui attendent les êtres humains après l'avènement de Jésus-Christ seront d'un tout autre ordre.

Certains survivront aux adversités, tandis que d'autres échoueront. En effet, ceux qui décident de croire en un Dieu qui a envoyé son Fils, Jésus-Christ, pour que chaque être humain croyant en lui échappe à la destruction et obtient la vie éternelle font un choix avisé. Ne remettez pas votre décision à demain. Déterminez-vous dès maintenant de consacrer votre existence entière à celui qui vous guidera à travers ces temps difficiles : Jésus-Christ.

Il fera une solide alliance avec plusieurs pour une semaine, et durant la moitié de la semaine il fera cesser le sacrifice et l'offrande ; le dévastateur commettra les choses les plus abominables, jusqu'à ce que la ruine et ce qui a été résolu fondent sur le dévastateur

Daniel 9 : 27

La Bible ne mentionne pas explicitement sept années de tribulation. Cette idée découle de l'interprétation d'une « semaine d'alliance » [Daniel 9 : 27]. Dans ce contexte, il est suggéré qu'une semaine représente sept ans. Les expressions « un temps, des temps et la moitié d'un temps » utilisées dans Daniel 7 : 25, « 42 mois » ou encore « 1260 jours » correspondent toutes à trois ans et demi [Daniel 12 : 7]. La stratégie de l'antéchrist sera de maintenir la paix pendant les trois premières années et demie. Par la suite, il brisera sa promesse en persécutant les hommes, en faisant la guerre et en menant la destruction pendant le reste de la période.

En effet, Apocalypse 12 : 6 fait mention de 1260 jours, tandis que Daniel 12 : 11-12 évoque 1290 et 1335 jours. Pourquoi cette divergence ? Il est crucial de comprendre que ces trois ensembles de données temporelles se rapportent à la dernière phase de la tribulation. En effet, le Seigneur viendrait au terme des 1260 jours, considérant que le mois est composé de 30 jours. De plus, 30 et 75 jours supplémentaires sont nécessaires, car, lors du retour de Jésus, Il saisira le faux prophète et l'antéchrist, qui seront ensuite jetés dans l'étang de feu. Hypothétiquement, je pense que c'est la période où les choses se mettent en place avant le règne de 1000 ans sur terre.

En ce qui a trait à l'eschatologie, la « tribulation » désigne l'ensemble des sept années, tandis que la « grande tribulation » correspond à la seconde moitié de cette période. Par conséquent, dans ce chapitre, vous comprendrez ce qu'est la tribulation, suivie par la grande tribulation. Cette période sera interrompue par une trêve de paix que le monde connaîtra pendant la première moitié de cette époque. Certains ont encore du mal à se mettre d'accord quant au moment où l'enlèvement aura lieu : avant, pendant ou après la tribulation.

Jésus a promis de préserver son Église des épreuves qui frapperont la société pour éprouver les habitants de la terre [Apocalypse 3 : 10]. Cela pourrait signifier que l'Épouse de Jésus ne traversera pas la tribulation, puisque, durant cette période, la détresse sera si grande.

*Car alors, **la détresse sera si grande** qu'il n'y en a point eu de pareille depuis le commencement du monde jusqu'à présent, et qu'il n'y en aura jamais. Et, si ces jours n'étaient abrégés, personne ne serait sauvé ; mais, à cause des élus, ces jours seront abrégés.*

Mathieu 24 : 21-22

Selon Jésus, comme il l'exprime dans Mathieu, cette époque sera marquée par une souffrance sans précédent, inégalée depuis la fondation du monde. En outre, grâce aux élus, la durée de cette épreuve, appelée « tribulation », sera raccourcie, afin que quelques-uns puissent être épargnés.

Dans certains passages du Nouveau Testament [Jacques 5 : 10], les croyants sont exhortés à demeurer patients et joyeux lorsqu'ils sont affligés, pour partager la gloire future avec Christ. Comme il est écrit dans l'Apocalypse [Apocalypse9 : 21], et comme cela arrivera durant la période de tribulation, les nations maudiront Dieu en raison des douleurs qu'elles endureront, mais elles ne se repentiront pas.

Cinq preuves de la l'enlèvement avant la tribulation

Ces affirmations sont fondées sur la révélation divine, mais il est tout à fait acceptable d'exprimer un point de vue différent. La parole de Dieu enseigne que nous ne connaissons que la moitié des choses et que toute la connaissance sera révélée à un moment donné. Il serait peut-être judicieux de s'interroger sur l'influence qu'exercera l'étude de l'apocalypse sur notre destinée, mais, en toute franchise, aucune. Toutefois, il est crucial d'être au courant des sujets spirituels. En réalité, l'ignorance n'est bénéfique pour personne, et les êtres humains périssent faute de savoir. Lorsque vous avez des doutes quant à une assertion, tournez-vous vers les saintes Écritures et sollicitez l'aide du Saint-Esprit. Maintenant, examinons de plus près ces preuves tirées de la Bible.

1er point : Jésus préservera son épouse de « l'heure de la tentation ». L'Église sera épargnée lorsque l'heure de l'épreuve arrivera. La tribulation n'est donc pas destinée à celle-ci.

*Parce que tu as gardé la parole de ma persévérance, je te **garderai** moi-même de **l'heure de l'épreuve** qui va **venir sur toute la terre habitée**, pour **mettre à l'épreuve** les habitants de la terre.*

Apocalypse 3 : 10

*Et pour attendre des cieux son Fils, qu'il a ressuscité des morts, Jésus, qui nous **délivre de la colère à venir***

1 Thessaloniciens 1 : 10

Il est manifeste, d'après ce passage, que Paul évoque une colère future. On pourrait formuler des conjectures, mais il s'agit là de la période de la tribulation dont parle Paul. De ce pas, je vous laisse tirer vos propres conclusions à propos de ce texte.

2ᵉ point : Dieu juge son Église tous les jours pour que celle-ci ne soit pas jugée avec le monde.

Car c'est le moment où le jugement commence par la maison de Dieu. Or si c'est par nous qu'il débute, quelle sera la fin de ceux qui refusent d'obéir à la bonne nouvelle de Dieu ?

1 Pierre 4 : 17

*Mais le Seigneur nous juge et nous corrige, pour que nous ne **soyons pas condamnés avec le monde**.*

1 Corinthiens 11 : 32 [Version Parole de Vie 2017]

La finalité de la règle divine qui s'applique à nous pendant notre séjour sur terre est avant tout dictée par l'amour et ensuite motivée par un souci de prévention. En réalité, il cherche à nous préserver de la fureur imminente qui s'abattra sur le monde. Par conséquent, il discipline quotidiennement ceux qui lui sont chers.

3ᵉ point : D'après Apocalypse 19 : 11-21, Jésus reviendra sur terre avec les saints [1 Thessaloniciens 3 : 13] pour mettre un terme à la grande tribulation. Il sera visible depuis le mont des Oliviers, selon Zacharie 14, versets 4 et 5. Quand Paul parle des saints, il fait référence à l'Église de Christ. Par conséquent, pour que Jésus puisse revenir avec les élus, ceux-ci doivent avoir été enlevés au préalable, sinon ce passage n'aurait aucun sens. Ainsi, l'Épouse sera épargnée de cette souffrance.

4ᵉ point : Avant la résurrection des martyrs, l'apôtre Jean aperçoit des trônes sur lesquels sont installés ceux qui ont reçu le pouvoir de juger [Apocalypse 20 : 4]. Christ est le magistrat par excellence

[Jean 5 : 22-29], mais il a trouvé bon d'associer son Église en tant que juge [1 Corinthiens 6 : 2-3]. C'est pourquoi, si les saints vivant à cette époque n'étaient pas morts, ils devaient avoir été enlevés.

5ᵉ point : La préfiguration de l'histoire de Lot et de sa famille est mentionnée dans Luc 17 : 28-30. Jésus y dit qu'il en sera de même au moment de son retour qu'au temps de Lot. Cela signifie qu'il fera d'abord sortir son Église du monde avant que le jugement n'arrive. De la même manière que Sodome et Gomorrhe n'ont pas été frappés par la sentence lorsque Lot y résidait, tant que l'Église, qui abrite l'Esprit Saint, n'a pas été enlevée, l'avènement de l'antéchrist et la grande tribulation ne se produiront pas [2 Thessaloniciens 2 : 6-8].

Première étape de la tribulation

L'homme de péché, également connu sous le nom d'antéchrist, conclura un pacte de paix avec de nombreuses nations, y compris Israël [Daniel 9 : 27]. Cependant, il trahira cette alliance après une durée de trois ans et demi. Cet intervalle de temps correspond à une période de trêve accordée par l'antéchrist. Une fois de plus, les trois années et demie sont fondées sur l'interprétation des sept semaines du livre de Daniel.

Il fera une solide alliance avec plusieurs pour une semaine, et durant **la moitié de la semaine** *il fera cesser le sacrifice et l'offrande ; le dévastateur commettra les choses les plus abominables, jusqu'à ce que la ruine et ce qui a été résolu fondent sur le dévastateur.*

Daniel 9 : 27

La grande tribulation

Hypothétiquement, cette période débuterait à la seconde moitié de la tribulation, c'est-à-dire après la troisième année et demie de paix accordée par l'antéchrist. Ce segment est caractérisé par l'émergence de la bête, provenant des profondeurs de la mer, du dragon, ainsi que du faux prophète. L'idée n'est pas ici d'énumérer en détail tous les évènements qui auront lieu durant la grande tribulation, mais d'avoir un regard sur ceux-ci.

La profanation du temple de Jérusalem

*Des troupes se présenteront sur son ordre ; elles **profaneront le sanctuaire**, la forteresse, elles feront cesser le sacrifice perpétuel, et dresseront l'abomination du dévastateur.*

Daniel 11 : 31

*Et elle séduisait les habitants de la terre par les prodiges qu'il lui était donné d'opérer en présence de la bête, disant aux habitants de la terre de faire une image à la bête qui avait la blessure de l'épée et qui vivait. Et il lui fut donné **d'animer l'image de la bête**, afin que l'image de la **bête parlât**, et qu'elle fît que tous ceux qui n'adoreraient pas l'image de la bête fussent tués.*

Apocalypse 13 : 14-15

Parlons d'une figure très particulière de l'histoire des juifs : Antiochus. Il était le troisième fils d'Antiochus III le Grand. Tous les théologiens sont plutôt d'accord sur l'interprétation historique du personnage du nom d'Antichus Épiphanes. C'était un monarque syrien qui a exercé son pouvoir pendant environ 175 à 165 ans avant Jésus-Christ. Il est apparu 400 ans après la prophétie de Daniel. Selon le passage de Daniel, il amènera une abominable désolation.

D'après la légende, ce personnage était un persécuteur des Juifs, cherchant à éliminer complètement leur religion en tuant des femmes, des hommes et des enfants. Il a également profané le temple en y offrant un porc en sacrifice sur l'autel et en enfonçant de la viande de porc dans la gorge des prêtres. Pour finir, il a instauré un culte à zeus à cet endroit. Le passage de Daniel est une préfiguration de ce qui aura lieu à la fin.

L'antéchrist s'alliera avec Israël et se présentera comme son défenseur. Pendant la semaine, il attaquera Israël, mettant fin aux offrandes et érigeant une idole au cœur de la maison du Seigneur. Israël sera alors contraint de vénérer ce faux dieu, cette idole qui profanera le sanctuaire sacré des Juifs.

Souffrance des juifs et destruction de la ville sainte : Jérusalem

Je parle des juifs dans ce passage, parce que la période de tribulation ne concerne plus l'Église, car elle a été enlevée.

*Mais le parvis extérieur du temple, laisse-le en dehors, et ne le mesure pas ; car il a été donné aux nations, et elles fouleront aux pieds la ville sainte pendant **quarante-deux mois.***

Apocalypse 11 : 2

Jean prophétise que la ville sacrée sera foulée aux pieds et brutalement traitée, anéantie et agressée pendant trois ans et demi. Cela veut dire que les populations de cette ville sainte en subiront aussi les conséquences. Théoriquement, les Juifs souffriront.

*Malheur ! car ce jour est grand ; il n'y en a point eu de semblable. C'est un temps d'angoisse pour **Jacob** ; mais il en sera délivré.*

Jérémie 30 : 7

Le passage de Jérémie vient mettre un baume sur le cœur des descendants de Jacob, car cette souffrance ne sera pas éternelle, elle sera de courte durée.

L'antéchrist et le faux prophète

La Bible est catégorique et sans équivoque sur l'avènement de l'antéchrist, comme le mentionne 1 Jean 2 : 18. Par conséquent, il est important de se demander si nous sommes conscients et informés de l'arrivée imminente de cette figure prophétique sur terre. Certains pourraient croire que seuls les adeptes des théories du complot croient en l'existence de l'antéchrist. Cependant, permettez-moi de vous éclairer sur ce point : sa venue est bel et bien prédite dans les Écritures, ce qui signifie qu'il jouera un rôle crucial dans le plan divin.

L'antéchrist ou l'antichrist ?

Étymologiquement, le mot « antéchrist » vient du grec « *antichristos* », qui se traduit par « adversaire du Christ ». En vérité, il aurait dû être écrit « antichrist », mais une confusion s'est produite entre le préfixe grec « anti » (contre) et le latin « ante » (avant). C'est ainsi que le terme a été mal orthographié, laissant croire qu'il désigne une personne qui sera opposée à Christ. Par conséquent, pour des raisons de cohérence dans cet ouvrage, nous utiliserons l'expression antéchrist.

Dans l'Ancien Testament, plus précisément dans le livre d'Ézéchiel 38, il est mentionné un souverain nommé Gog, dirigeant Magog, que Dieu détruira. On retrouve cette partie de l'histoire dans Zacharie 12 à 14, de même que dans le livre de Daniel 8, où apparaissent un bélier et un bouc. Tous ces textes de l'Ancien

Testament se rapportent à Israël, ce qui en fait une prédiction des évènements futurs. Cependant, dans le Nouveau Testament, Israël fait place à l'Église. C'est de cette manière que Paul évoquera pour la première fois l'antéchrist dans le Nouveau Testament, en 2 Thessaloniciens 2, mais sans le désigner explicitement.

En vérité, selon les écrits de Paul, l'antéchrist est qualifié de « l'homme du péché » [2 Thessaloniciens 2 : 3], de « le fils de la destruction » [2 Thessaloniciens 2 : 3] et même de « l'adversaire de Dieu » [2 Thessaloniciens 2 : 4]. Bien entendu, dans le livre de l'Apocalypse, on fait deux fois référence à une créature écarlate, dotée de sept têtes et de dix cornes. On peut la trouver aux versets 3 du chapitre 17, ainsi qu'au verset 1 du chapitre 13.

Cette créature terrifiante, semblable à un léopard, émerge des profondeurs marines. Il possède l'autorité du dragon, autrement dit celle de satan, selon le livre de l'Apocalypse 13 : 1-18. Ce texte évoque les agissements de cette figure ainsi que la période pendant laquelle il règnera, soit 42 mois, équivalant à 3 ans et 6 mois.

Dialectiquement, comme le précise l'Apocalypse 17 : 15, les eaux symbolisent les populations, les rassemblements, les États et les dialectes. Cela indique que la bête sortira des peuples, des nations et des langues, représentant les diverses communautés de la planète. Selon l'Apocalypse 13 : 1-4, une bête émergeant des eaux sera dotée de sept têtes et de dix cornes. Chacune des cornes portera un diadème. Elle aura également le pouvoir de se guérir elle-même et tous les peuples l'admireront.

Selon l'Apocalypse 13 : 6, l'antéchrist blasphèmera contre Dieu et son temple. De plus, on lui conférera la capacité de déclarer une guerre impitoyable aux croyants, les terrassant au passage. Il exercera aussi son autorité sur toutes les nations et sur l'ensemble de la terre. Ceux qui refuseront l'empreinte de la bête, que ce soit sur leur main ou sur leur front, subiront les conséquences.

Voici trois signes annonciateurs de l'avènement de l'antéchrist, d'après l'enseignement de l'apôtre Paul :

- L'iniquité deviendra plus profonde, car les êtres humains commettront davantage de transgressions et celles-ci seront plus graves. De même, la bienveillance des individus diminuera, comme cela est prédit dans Matthieu 24 : 10-12. Cependant, l'Église de Jésus-Christ restera fidèle à son Seigneur.

- L'apostasie : Ce terme, tiré du grec, signifie littéralement « s'éloigner », « dériver » ou « abandonner ». De nombreuses personnes délaisseront la foi pour se laisser séduire par des enseignements démoniaques [2 Thessaloniciens 2 : 3-4]. Certaines renonceront à l'Évangile authentique de Christ et créeront de fausses doctrines qui flatteront leurs désirs égoïstes, ce qui les éloignera encore plus de Lui. Par conséquent, l'Église sera prête à tout accepter, corrompue par l'amour de l'argent, de la réussite et de la renommée.

- L'homme du péché apparaîtra quand celui qui retient le mystère de l'iniquité disparaîtra [2 Thessaloniciens 2 : 7]. Certains enseignements théologiques affirment que l'Église de Christ retient ce mystère, mais Paul emploie une expression neutre : « celui ». Selon cette expression, cela pourrait donc désigner le Saint-Esprit qui le retient.

Le faux prophète de la fin des temps

Le faux prophète est, en quelque sorte, le bras droit de l'antéchrist, ou encore son porte-parole. On l'appelle aussi la « deuxième bête », comme on peut le lire dans l'Apocalypse, aux versets 11 à 18.

En effet, une deuxième bête surgira de la terre, avec deux cornes, et elle sera dotée du pouvoir d'imposer l'autorité de la bête qui a été blessée [Apocalypse 13 : 11-17]. Elle réalisera des prodiges étonnants, et fera même descendre le feu du ciel devant tout le monde. Elle contraindra les terriens à créer une représentation vivante de la bête. Certaines personnes pensent que cette technologie s'apparente à un hologramme et qu'elle est liée à l'émergence de l'intelligence artificielle. Ceux qui refusent de se prosterner face à la bête seront tués. Le faux prophète imposera une marque, qui devra être apposée soit sur la main droite, soit sur le front de chaque individu, sous peine d'interdiction de commerce.

En résumé, voici quelques-unes des fonctions du faux prophète

- Le faux prophète sera soit le premier ministre de l'antéchrist, soit son homme de main.

- Il réalisera un grand nombre de prodiges [Apocalypse 13 : 13].

- Il est à l'origine des persécutions contre ceux qui ne possèdent pas la marque de la bête sur leur front et leurs mains [Apocalypse 13 : 16-17].

Les cinq premières coupes de la colère de Dieu

Première coupe : les douleurs

Quand la coupe sera renversée sur la terre, une blessure maléfique et douloureuse s'abattra sur ceux qui arborent le signe de la bête et qui vénèrent son image. [Apocalypse 16 : 2]. Accepter le sceau, c'est décider d'être un adversaire de Dieu. À cette époque, la neutralité ne sera plus possible ; il faudra prendre position. Accepter la marque ou la refuser, et subir les conséquences, quelle que soit notre décision. En conséquence, mettons-nous dans l'état d'esprit approprié pour accueillir l'époux en examinant notre mode de vie actuel. Après tout, il reviendra certainement ; c'est juste une question de temps.

Deuxième coupe : la transformation de la mer en sang

Lorsqu'elle sera versée en mer, l'eau se transformera en sang de défunt, causant ainsi la mort de toutes les créatures marines [Apocalypse 16 : 3]. À ce stade, il n'y aura plus aucune biomasse marine, elle aura complètement disparu. Par ricochet, les entreprises de pêche cesseront d'exister.

Troisième coupe : la transformation des sources d'eau en sang

Quand le récipient sera renversé dans les réseaux hydrographiques et les sources, l'eau se transformera en sang [Apocalypse 16 : 4]. Toutes les rivières et sources d'eau seront impropres à la consommation. Cela signifie que les êtres humains souffriront de déshydratation, car l'eau potable nécessaire à leur survie deviendra rare.

Quatrième coupe : l'amplification de l'intensité solaire

Une fois renversé sur le disque solaire, il acquerra la capacité de calciner les êtres humains par le feu. Par conséquent, les gens seront consumés par une chaleur dévorante, ce qui entraînera des insultes envers le nom de Dieu. Cependant, ils persisteront dans leurs mauvaises voies et continueront de nier la grandeur divine.

[Apocalypse 16 : 8]. Cette coupe amplifiera les radiations lumineuses, ce qui rendra la couche d'ozone impuissante à les contenir. Dès lors, les êtres humains vont devoir survivre sous terre, à l'image des rongeurs, afin d'échapper aux rayons brûlants du soleil. À ce stade, une question se pose : est-ce du réchauffement climatique dont parlent les médias ? C'est à votre discrétion.

Cinquième coupe : l'obscurité dans le royaume de la bête

Lorsque cette coupe sera versée sur le trône de la bête, une obscurité profonde recouvrira son royaume, et les gens se mordront la langue, tant ils souffriront. Ils continueront néanmoins à blasphémer contre Dieu et à commettre des actes répréhensibles [Apocalypse 16 : 10]. En dépit des épreuves douloureuses qui les frapperont, les hommes resteront obstinés et poursuivront leur chemin tortueux.

Trois anges proclameront les jugements de Dieu sur la terre

Dieu, constatant le durcissement du cœur des gens malgré les calamités qui les frappaient, dépêcha trois messagers divins pour les inciter et les mettre en garde.

Le premier ange s'adressa aux habitants de la terre, aux nations, aux tribus et aux peuples, leur demandant de craindre Dieu et de lui rendre gloire. Il portait un message éternel, appelant les humains à se soumettre au Tout-Puissant et à Lui rendre hommage. Ce messager céleste annoncera une bonne nouvelle éternelle [Apocalypse 14 : 6].

Le deuxième ange, selon l'Apocalypse 14 : 8, prophétise la destruction de Babylone, la ville impie qui a corrompu les sociétés par sa méchanceté. La question fondamentale est de savoir qui est cette Babylone.

Le troisième ange prévient les gens que quiconque adore la bête et son image, et reçoit une marque sur son front ou sur sa main, boira le vin de la colère de Dieu. Ceux qui commettent cet acte seront torturés dans un feu ardent et une souffrance atroce. En effet, avant que Dieu ne rende sa décision lors de son retour sept ans plus tard, il avertit les humains des conséquences qu'ils devront endurer s'ils cèdent aux demandes de la bête [Apocalypse 14 : 9-10].

Les juifs se convertiront et seront pardonnés

*Alors je répandrai sur la maison de David et sur les habitants de Jérusalem un esprit **de grâce et de supplication**, et ils tourneront les regards vers moi, celui qu'ils ont percé. Ils pleureront sur lui comme on pleure sur un fils unique, ils pleureront amèrement sur lui comme on pleure sur un premier-né.*

Zacharie 12 : 10

Le tribunal de Christ après l'enlèvement

Dans la première épître aux Corinthiens, chapitre 3, verset 13, l'expression « ce jour-là » renvoie au « jour de Jésus-Christ ».

*Car il nous faut tous comparaître devant **le tribunal de Christ**, afin que chacun reçoive selon le bien ou le mal qu'il aura fait, étant dans son corps.*

2 Corinthiens 5 : 10

Dans cette cour de justice, Jésus-Christ sera l'arbitre suprême [Jean 5 : 22]. Nous expérimenterons ce jugement en tant que

« serviteurs du Seigneur ». Il ne sera pas question de statuer, mais plutôt d'honorer ceux qui sont justes, selon leurs actes et leur dévouement à Jésus-Christ pendant leur existence terrestre. Les croyants devront rendre compte de leur vie sur la terre lors du tribunal du Christ, qui aura lieu après la résurrection et l'enlèvement de l'Église, d'après Luc 14 : 14 et 1 Corinthiens 4 : 5.

Le feu qui va éprouver les œuvres

*Car le jour la fera connaître, parce qu'elle se révèlera dans le feu, et **le feu éprouvera** ce qu'est l'œuvre de chacun. Si l'œuvre bâtie par quelqu'un sur le fondement subsiste, il recevra une récompense. Si l'œuvre de quelqu'un est consumée, il perdra sa récompense ; pour lui, il sera sauvé, mais comme au **travers du feu**.*

1 Corinthiens 3 : 13-15

Lorsque Paul s'adresse aux Corinthiens, il évoque un feu qui mettra à l'épreuve la valeur des actions du croyant. Ce feu de l'épreuve correspond probablement à « la présence du Seigneur », selon le passage d'Hébreux 12 : 29. Au tribunal du Christ, ce ne sera pas notre foi en tant que telle qui sera examinée, mais ce seront plutôt les actes que nous aurons accomplis par la foi. Notre rédemption procède de la Fondation, qui est Jésus-Christ, et elle sera immuable. En revanche, notre distinction dépendra du mode de construction, et ce sont ces réalisations qui seront soumises à l'épreuve. Notre récompense sera établie en fonction de la capacité de nos œuvres à résister au feu.

Qu'est-ce que le tribunal de Christ éprouvera ?

- Les œuvres [1 Corinthiens 3 : 10-15] : Jésus est la base sur laquelle chacun doit construire. Ce jour-là, les actions de chacun seront mises à l'épreuve par le feu, révélant ainsi la qualité de leur tâche.

- Le travail [1 Corinthiens 3 : 8-9]. En effet, chaque personne sera récompensée en fonction de son engagement, qu'il ait eu pour rôle de planter ou en tant qu'arroseur.
- Le ministère ou le service sur terre, tel que décrit dans Daniel 12 : 3. Ceux qui restent fidèles ne brillent pas seulement sur terre, mais leur lumière ressemble à celle des étoiles, qui scintillent éternellement.
- L'usage des dons divins, tels qu'illustrés dans la parabole des talents [Matthieu 25 : 14-18]. Chaque individu sera récompensé en fonction de sa manière d'utiliser les présents reçus de Dieu. La gratification ultime sera soit une augmentation, soit une diminution.
- La gestion des biens matériels, tels qu'évoqués dans Luc 14 : 13-14. Sur terre, quand nous pensons aux personnes démunies, sachez que Dieu vous le restituera au moment des rétributions. Votre générosité témoignera en votre faveur auprès du trône et du tribunal de Jésus-Christ.
- Les épreuves endurées pour le Christ vous préparent à une gloire éternelle [2 Corinthiens 4 : 17]. Ce n'est pas dire que vous devez subir des adversités perpétuelles, Dieu est digne de confiance pour tenir sa promesse.

La récompense qui nous attend est représentée par une couronne. Est-ce qu'il s'agit d'une vraie couronne, ou bien symbolise-t-elle simplement la distinction elle-même ? Comme fils de Dieu, nous recevons la vie éternelle par la grâce de notre Seigneur Jésus-Christ.

*Désormais, **la couronne de justice** m'est réservée ; le Seigneur, le juste juge, me la donnera dans ce jour-là, et non seulement à moi, mais encore à tous ceux qui auront aimé son avènement.*

2 Timothé 4 :8

L'Église triomphante sera rétablie en gloire lors du retour de Jésus-Christ sur terre, selon 1 Thessaloniciens 3 : 13. Elle règnera ainsi mille ans aux côtés du Christ, comme le décrit Apocalypse 20 : 4. Examinons maintenant quelques aspects associés à cette couronne.

- Engagez-vous dans une lutte juste en observant les règles [2 Timothée 2 : 5]. Toutes les batailles et compétitions que vous entamerez sur terre doivent se dérouler dans le respect des normes. Il en va de même pour vos entreprises et vos possessions : elles doivent être acquises de façon honnête et équitable selon la justice divine, et non par la tromperie. Il est crucial de considérer la manière dont on obtient ses biens sur la terre des hommes.

- La couronne de justice sera décernée à ceux qui auront attendu avec impatience son avènement [2 Timothée 4 : 8]. Comme nous l'avons souligné auparavant, l'attente nécessite une préparation. Ainsi, réussir sa vie (attendre impatiemment Christ) consiste à réaliser les objectifs que Dieu nous a assignés et à savourer pleinement toutes les bénédictions qu'Il nous a destinées sur terre.

- Endurez patiemment la tentation dans la joie et, après avoir été éprouvé, vous recevrez la couronne de vie [Jacques 1 : 12]. Pour qu'une personne puisse avoir une récompense, il est nécessaire qu'elle ait accompli la tâche qui lui a été confiée, quels que soient les obstacles et les difficultés rencontrés au cours de son projet. Le but ultime est d'atteindre les objectifs fixés et de surmonter tous les freins. Cela prouve la fidélité et l'honneur envers l'individu qui vous a délégué le projet.

- Obtenez la couronne incorruptible de la gloire [1 Pierre 5 : 4].

Les noces de l'Agneau

*Réjouissons-nous et soyons dans l'allégresse, et donnons-lui gloire ; car **les noces de l'Agneau** sont venues, et son épouse s'est préparée... Et l'ange me dit : écris : heureux ceux qui sont appelés au **festin des noces de l'Agneau** ! Et il me dit : ces paroles sont les véritables paroles de Dieu.*

Apocalypse 19 : 7-9

Les noces désignent généralement la célébration qui marque l'union d'un couple marié. Elles peuvent aussi faire référence à la réjouissance ou à la cérémonie qui accompagne cette union. La parole de Dieu nous invite à nous considérer comme les épouses de Christ. L'Église n'a pas encore eu l'opportunité de fêter cette alliance totale avec le Christ, voilà pourquoi elle participera à cette cérémonie dans le ciel. Elle aura ainsi l'occasion de profiter de ce moment aux noces de l'agneau.

Pour la petite histoire, les mariages chez les Juifs d'antan étaient conclus en trois grandes phases, ce qui ressemble étrangement aux célébrations de l'agneau.

La promesse

À l'époque dans la culture juive, les mariages étaient arrangés par les pères. C'est pourquoi Jésus a déclaré dans Jean 14 : 6 : « *Personne ne peut venir à moi, si ce n'est par le Père qui l'attire* ». Par la suite, le fiancé devait se présenter à la famille de la promise avec une somme d'argent importante, un contrat de mariage et une outre de vin. Dans la Bible, on voit que Jésus a payé le prix de sa vie, son sang, qui représentait le prix que le fiancé devait payer : le Mohar. Ensuite, les contrats de mariage étaient signés devant les deux pères, qui servaient de témoins.

Les fiançailles

En hébreu, le mot pour « fiancé » est *« Kallah »*, signifiant « complète » ou « scellé, fermé ». Lorsque la « fiancée » acceptait les fiançailles en buvant la coupe de vin, cela dénotait que l'union était officiellement établie. Dès que nous acceptons Jésus comme Seigneur et Sauveur, nous sommes unis à lui, comme de futures conjointes. Si nous partageons son sang lors de la Sainte Cène, nous nous souvenons de notre engagement envers lui. Durant les fiançailles, l'homme et la femme ne peuvent pas encore cohabiter ni avoir de relations sexuelles. De même, en donnant notre vie à Christ, nous ne nous appartenons plus.

À ce stade, une séparation pourrait encore avoir lieu, avec une lettre de divorce. En effet, ils étaient considérés comme des adultères s'ils allaient voir ailleurs. Parallèlement, les noces de l'agneau n'ont pas encore eu lieu, l'Église de Christ est infidèle lorsqu'elle se tourne vers d'autres dieux. Pendant cette période, la fiancée doit subir un rite de purification, représentant l'abandon de son ancienne vie et le début d'une nouvelle. C'est précisément le rôle du baptême dans le cheminement de la foi. L'époux en herbe aménageait une place « la chambre » à sa future femme dans la maison de son père tel le Christ qui nous prépare un siège auprès du Père [Jean 14 : 2-3].

Le mariage

Selon la tradition juive, le futur marié revenait la nuit, soufflant dans une corne appelée « shofar », pour enlever sa promise et l'emmener consommer leur mariage. De la même manière, la Bible évoque l'enlèvement de l'Église au son de la trompette. La fête des trompettes, quant à elle, est comparable aux noces de l'Agneau, où la future femme rejoindra son époux. Pendant sept jours, ils devaient rester unis, puis célébrer pendant une autre semaine avec leurs invités. En partant de cette supposition, l'Église passera sept ans avec le Christ pour consommer leur union.

Fin de la tribulation

Les deux coupes restantes

Sixième coupe : le dessèchement de l'Euphrate et le recrutement

Lorsque la coupe sera versée dans le grand fleuve de l'Euphrate, ce dernier se desséchera. Trois entités maléfiques émergeront alors de la gueule du dragon, de celle de la bête, ainsi que de la bouche du faux prophète [Apocalypse 16 : 12-13]. Ils prendront la forme de grenouilles, mais seront en fait envoyés par satan. Ceux-ci iront trouver les rois de la terre pour les rassembler afin qu'ils combattent contre Jésus. Ils mobiliseront les dirigeants de la terre dans un endroit nommé Armageddon, qui est un lieu chargé d'histoire. Ce lieu évoque deux victoires épiques : celle de Barak contre les Cananéens et celle de Gédéon contre les Madianites. Il rappelle également deux tragédies : le décès de Saül et de Josias.

Pour certains, cette bataille sera le résultat d'un conflit spirituel mondial. Les nations s'uniront pour affronter Jésus-Christ et ses disciples, aidées par les trois puissances maléfiques. Dans le livre d'Apocalypse 19, les armées humaines sur la terre seront détruites, de même que celles qui sont démoniaques dans le ciel. L'antéchrist et le faux prophète seront jetés dans l'étang de feu ardent [Apocalypse 19 : 20], tandis que satan sera enchaîné pour mille ans [Apocalypse 20 : 2].

Selon le chapitre 19 de l'Apocalypse, Jésus-Christ appelé « Fidèle et Véritable » reviendra une deuxième fois. Il jugera justement sur terre après les sept années. Il chevauchera un cheval blanc, et Son Nom sera la Parole de Dieu. Sur Ses vêtements, ainsi que sur Sa cuisse, on peut lire : *« Roi des rois, Seigneur des seigneurs »*. Ses soldats, quant à eux, seront vêtus de fin lin blanc, pur, représentant la justice, et ils monteront aussi des chevaux blancs. À la fin du chapitre 19 de l'Apocalypse, on voit la bête et les rois de la terre ainsi que leurs armées se réunir pour combattre celui qui était monté sur un cheval blanc, soit Christ.

La septième coupe : le violent séisme et les assourdissements

Lorsque la coupe sera renversée dans les cieux, il y aura un violent séisme et des éclairs assourdissants [Apocalypse 16 : 17]. Les villes de tous les pays s'effondreront, ne laissant plus de montagnes ni d'îles. La grande Babylone sera jugée et divisée en trois parties. De gros morceaux de glace tomberont du ciel sur les gens. Pourtant, certains humains persisteront à blasphémer contre Dieu. Ce sera sans conteste l'évènement marquant du passage au nouveau millénaire : le règne de mille ans de Jésus-Christ sur terre, accompagné des élus.

Spatio – Temporel V

Le millénium : le règne de mille ans

Le millénium, une réalité ou un mythe ?

*Et je vis des trônes ; et à ceux qui s'y assirent fut donné le pouvoir de juger. Et je vis les âmes de ceux qui avaient été décapités à cause du témoignage de Jésus et à cause de la parole de Dieu, et de ceux qui n'avaient pas adoré la bête ni son image, et qui n'avaient pas reçu la **marque sur leur front** et **sur leur main**. Ils revinrent à la vie, et ils **régnèrent avec Christ** pendant **mille ans**. Les autres morts ne **revinrent point à la vie** jusqu'à ce que les mille ans fussent accomplis. C'est la première résurrection. Heureux et saints ceux qui ont part à la première résurrection ! La seconde mort n'a point de pouvoir sur eux ; mais ils seront sacrificateurs de Dieu et de Christ, et ils règneront avec lui **pendant mille ans.***

Apocalypse 20 : 4-6

Le mot « millénaire », qui vient du latin « mille ans » et du grec *« chilias »*, se retrouve six fois dans le passage de l'Apocalypse 20, versets 4 à 6. Il ne serait pas judicieux de considérer le temps selon le regard humain, car, pour Dieu, 1000 ans équivalent à un jour [2 Pierre 3 : 8]. Nous n'avons pas la même référence temporelle que Dieu. Dans certains cas, l'homme a décidé que l'année comptait 365 ou 366 jours pour mieux situer sa position dans le temps. Vous pourriez aussi considérer les mille ans d'une manière pragmatique. Ce serait votre droit. Demandez à l'Esprit de Dieu de vous éclairer sur vos convictions, puisqu'il est le seul à pouvoir convaincre les hommes de la présence du péché, de la justice et du jugement.

Selon les Écritures, le millénium est une période durant laquelle Jésus établira son règne sur la terre et règnera avec ses fidèles pendant 1000 ans. Cette période suivra son second avènement.

Ce livre vise à simplifier la compréhension du sujet du millénium, qui suscite des débats animés en théologie. En effet, il sera question de l'ère où l'Église et les martyrs décédés pendant la tribulation règneront sur terre avec le Christ.

*À celui qui vaincra, et qui gardera jusqu'à la fin **mes œuvres**, je donnerai **autorité sur les nations**. Il les paîtra avec une verge de fer, comme on brise les vases d'argile, ainsi que moi-même j'en ai reçu le pouvoir de mon Père. Et je lui donnerai l'étoile du matin.*

Apocalypse 2 : 26-28

Trois écoles de croyance existent quant à l'interprétation du terme « millénaire ». Examinons-en quelques-uns pour comprendre la quintessence de ces hypothèses.

- ***L'amillénarisme*** : cette théorie considère le millénium comme l'ère de l'Église. Elle ne se réfère pas à une durée de mille ans littéraux, mais plutôt à une époque sans fin. Selon ce courant de pensée, l'histoire se conclura par le retour du Christ, accompagné de la résurrection des justes et des injustes pour le jugement dernier.

- *Le postmillénarisme* : Il postule que le millénium est une période prolongée pendant laquelle l'Évangile se diffuse dans le monde. Selon cette théorie, les chrétiens exerceront une influence significative sur les institutions de nos sociétés. Ce mouvement se terminera de la même manière que les amillénaristes, c'est-à-dire par le retour du Christ.

- *Le prémillénarisme :* cette conception considère que le millénium sera le règne de Christ sur la terre durant 1000 ans. Ce n'est pas une période floue : le temps actuel est celui de l'Église, qui se déterminera au retour du Christ. Lorsque le Christ reviendra, il le fera physiquement pour trôner sur la terre. Les justes ressusciteront, et ils règneront avec lui pendant 1000 ans. Cette période s'achèvera après mille ans, et à la fin de la phase de rébellion, les injustes ressusciteront pour le jugement, tandis que les justes goûteront à la vie éternelle.

Donc, au cours du millénaire, on ne parlera que d'Israël, des nations, gouvernées par Christ et par les saints, qui sont également appelés « sacrificateurs » et « rois » selon l'Apocalypse.

La première résurrection

Ceux qui seront morts sans avoir ratifié la marque de la bête sur leur main ou leur front durant la tribulation ressusciteront et règneront avec le Christ pendant mille ans, tout comme les saints qui reviendront avec Lui. Il s'agit de la « première résurrection » ; elle concerne exclusivement les saints décédés pour Sa cause. Quant à ceux qui auront accepté l'empreinte, ils ne ressusciteront pas. En conséquence, si quelqu'un manque l'enlèvement, il peut encore être sauvé.

En outre, les incrédules, ceux qui auront renié Jésus-Christ revivront uniquement après le millénium pour le jugement afin d'être jetés dans l'étang de feu.

*Et je vis des trônes ; et à ceux qui s'y assirent fut donné le pouvoir de juger. Et je vis les âmes de ceux qui avaient **été décapités à cause du témoignage de Jésus** et à cause de la parole de Dieu, et de ceux qui n'avaient pas adoré **la bête ni son image**, et qui n'avaient pas reçu la **marque sur leur front et sur leur main**. Ils revinrent à la vie, et ils régnèrent avec Christ pendant mille ans.*

Apocalypse 20 : 4

*Heureux et saints ceux qui ont part à la **première résurrection** ! La **seconde mort** n'a point de pouvoir sur eux ; mais ils seront sacrificateurs de Dieu et de Christ, et ils règneront avec lui pendant **mille ans**.*

Apocalypse 20 : 4

satan lié et les nations à l'abri de la séduction

*Puis je vis descendre du ciel un ange, qui avait la clef de l'abîme et une grande chaîne dans sa main. Il saisit le dragon, le serpent ancien, qui est le diable et satan, et il **le lia** pour **mille ans**. Le jeta dans l'abîme, **ferma et scella** l'entrée au-dessus de lui, afin qu'il **ne séduisît plus** les nations, jusqu'à ce que les mille ans fussent accomplis. Après cela, il faut qu'il soit délié pour un peu de temps.*

Apocalypse 20 : 1-3

Au début du chapitre 20 de l'Apocalypse, il est question d'un ange qui possédait les clefs de l'abîme ainsi qu'une grande chaîne. Il les utilisera pour enchaîner le dragon, le vieux serpent, c'est-à-dire le diable et satan. Son emprisonnement vise à éviter qu'il ne tente de nouveau de séduire les nations pendant mille ans. En effet, durant cette période, satan sera absent de la terre afin que personne ne soit plus séduit par lui.

D'après le théologien Roland Kleger : « *Le moment viendra où le tentateur ne pourra plus séduire les habitants de la terre. Pendant cette économie, l'humanité devra comprendre que l'homme pécheur (depuis la chute) penche vers le péché par ses propres convoitises, même si le diable n'est pas là pour tenter. L'homme devra alors comprendre le sérieux de sa dépravation depuis la chute en Éden [Jacques 1 : 13-15]. L'homme qui péchera pendant l'économie du millénium risquera d'être sévèrement jugé. Pendant cette époque, le pécheur ne pourra plus imputer la faute au diable, comme l'avait fait Eve en Éden (... le serpent m'a séduit...), car à ce moment-là l'ancien serpent sera lié.* ».

Le gouvernement de Christ sur la terre pendant mille ans

Le Seigneur Jésus-Christ établira sur terre un gouvernement. Il sera assisté d'un Conseil des ministres composé de tous les saints. À un moment donné, le pouvoir global sera aux mains d'un antéchrist, puis sous la direction du Christ lui-même. Il ne règnera pas comme un dictateur cruel et impitoyable, mais comme un roi aimé. Il exercera son autorité avec impartialité, intégrité et fermeté absolue, car l'injustice ne sera pas tolérée. On observe actuellement divers systèmes politiques dans le monde, dont :

- Les confédérations, semblables à celle de la Suisse, qui regroupe des États indépendants s'unissant dans une cause commune.

- Les associations de nations, telles que l'Union européenne ou l'Union africaine. Dans ce cas, les autorités collaborent plus étroitement que les États fédéraux, mais conservent leur propre souveraineté.

- L'unité étatique se caractérise par un pouvoir exécutif unique, où le gouvernement central détient l'ensemble du pouvoir, tandis que les autres institutions ne possèdent qu'un pouvoir limité. Ce modèle est représenté par des pays tels que la Chine et la France. La plupart des pays dans le monde fonctionnent selon ce dispositif.

- La fédération, quant à elle, est une alliance d'États ou de régions autonomes, mais soumises à un gouvernement central.

- La dictature, un système politique où une seule personne ou un petit groupe détient la totalité du pouvoir d'une manière tout à fait sans partage.

Restreignons-nous à ces formes de gouvernement terrestre énumérées ci-dessus. En principe, tous ces régimes devraient servir le bien-être du peuple et régner avec impartialité. L'administration du Christ, quant à elle, sera un régime de justice, de paix et d'équité, comme le décrivent les traits suivants.

- Le règne de droiture et de paix sur la terre : plus aucun peuple ne brandira l'épée ou des bombes nucléaires contre une autre nation. La guerre cessera d'être un sujet d'étude, selon le prophète Ésaïe [Ésaïe 2 : 4].

- Une hégémonie marquée par la longévité et la prospérité : les bébés ne décèderont plus à la naissance ou après quelques jours, et les adultes ne mourront plus jeunes. L'espérance de vie sera d'au moins 100 ans pour les plus jeunes. Les villes connaîtront la prospérité, les champs produiront des récoltes abondantes et la faim ne sera plus un problème. Durant cette période, il n'y aura plus d'exploitation ni d'extorsion. Vos épuisements physiques prendront fin. Ce qui est encore plus remarquable, c'est que le loup et l'agneau marcheront ensemble, tandis que les lions deviendront herbivores. La crainte de la violence, du viol et des agressions disparaîtra, car il n'y aura plus de malheur ni de méchanceté : Ésaïe 65 : 20-25. N'est-ce pas merveilleux ?

- Christ règnera avec une main de fer et une grande sévérité. Il utilisera une verge de fer pour paître son troupeau. Jésus ne tolérera plus le mal [Apocalypse 19 : 15]. Cela montre son désir de justice. Diriger ainsi ne signifie pas qu'il ne nous chérit pas ; en réalité, « Dieu châtie ceux qu'il aime ».

Fin du millénium

La libération de satan

Quand les mille ans seront accomplis, **satan sera relâché de sa prison**... *Et il sortira pour séduire* **les nations** *qui sont aux quatre coins de la terre,* **Gog et Magog,** *afin de les rassembler pour la* **guerre** *; leur nombre est comme le sable de la mer. Et ils montèrent* *sur la surface de la terre, et ils investirent le camp des saints et la ville bien-aimée. Mais un feu descendit du ciel, et les dévora.*

Apocalypse 20 : 7-9

Après avoir passé mille ans en prison, satan sera libéré et sèmera la tentation parmi les nations. Les dirigeants qui ont régné naturellement avec le Christ seront-ils eux aussi séduits ? Qu'est-ce que cela signifie, *« séduire les peuples »* ? satan proposera-t-il de la gloire aux nations, comme il l'a fait avec Jésus dans le désert ? La séduction est l'arme la plus ancienne au monde, utilisée par satan depuis des temps immémoriaux. Il a tenté Ève dans le jardin d'Éden, Juda à l'époque de Jésus, et il continue de charmer des gens aujourd'hui et le fera encore après sa sortie de prison. Cette période de l'histoire montre que, même après avoir été sous le gouvernement de Christ, les nations ont le choix de poursuivre leur chemin avec Lui ou de se rebeller contre Lui. Devinez ce qui se passera ! Certains opteront pour la rébellion et se rallieront au plus grand des séducteurs.

La bataille de Gog et Magog : l'ennemi du nord

En grec, le mot « Gog » se traduit par « montagne ». Il désigne le souverain du royaume de Magog, qui émergea du nord et envahit Israël. Quant à Magog, il signifie « celui qui domine, territoire montagneux ». Il s'agit de la région septentrionale d'Israël, d'où le roi de Gog partit pour attaquer Israël. Par conséquent, Gog est un nom propre, tandis que Magog est un toponyme. Les origines de ces deux mots demeurent mystérieuses, ce qui a fait croire à certains que les habitants de Magog, situés au septentrion, représentent symboliquement les forces du mal. La Bible explique qu'il s'agira de l'armée de satan constitués des nations aux quatre coins de la terre.

Après mille ans, satan sera libéré et ira dans les quatre coins du monde [Gog et Magog] pour rassembler une armada en vue de combattre le Christ. Ils envahiront la ville bien-aimée [Israël]. Il est important de noter que les auteurs des textes bibliques venaient généralement de communautés juives. Donc, leurs descriptions des évènements se situent en fonction de la localisation géographique d'Israël par rapport aux autres pays. C'est pourquoi on parle d'Israël. En vérité, la cité sera conquise, ses demeures saccagées, et ses dames violentées. Cependant, une poignée survivra, conformément à la prophétie de Zacharie 14. Toutefois, ils seront tous défaits, un incendie du ciel les anéantira tous.

Bien sûr, c'est horrible lorsque la situation est présentée de cette manière, mais tout a été prévu par Dieu, même le méchant, qui est fait pour le jour du malheur [Proverbes 16 : 4].

Christ remet le royaume au Père

Le point culminant est de restituer le royaume au Père, ce qui marque la fin du règne de Jésus-Christ sur terre. C'est maintenant l'heure où le Père doit reprendre les mandatures.

Ensuite viendra la fin, *quand il **remettra le royaume** à celui qui est Dieu et Père, après avoir détruit toute domination, toute autorité et toute puissance.*

1 Corinthiens 15 : 24

Spatio – Temporel V _Le millenium : Le règne de mille ans

Spatio - Temporel VI

Le jugement final

Selon l'Apocalypse, chapitre 20, le récit du jugement dernier est dévoilé. Des individus, qu'ils soient insignifiants ou éminents, s'avanceront vers le trône, tandis que les registres seront déroulés, y compris celui contenant les noms des élus [le livre de vie]. Dans les livres, on trouve toutes les œuvres des êtres humains, qu'ils soient bons ou mauvais. Les personnes qui hériteront du trône auront leurs noms inscrits dans le livre de vie. Chacun sera jugé en fonction de ses actes.

Plus tard, la mort et le séjour des morts seront jetés dans l'étang de feu, qui représente la seconde mort. Quiconque n'aura pas son nom dans le livre de vie subira le même sort. Ce jour-là, des hurlements effroyables retentiront, et les âmes les plus vaillantes supplieront d'être sauvées. Ce sera un jour de colère, de frayeur, un jour de destruction et de mort. Un instant où l'obscurité, la nuit et le brouillard domineront ceux qui ne sont pas inscrits dans le livre de vie.

Le jugement du trône blanc : les incrédules jugés

*Puis je vis un **grand trône blanc**, et celui qui était assis dessus. La terre et le ciel s'enfuirent devant sa face, et il ne fut plus trouvé de place pour eux. **Et je vis les morts, les grands** et **les petits**, qui se tenaient devant le trône. Des livres furent ouverts. Et un autre livre fut ouvert, celui qui est le livre de vie. Et les **morts furent jugés** selon leurs œuvres, d'après ce qui était **écrit dans ces livres**. La mer rendit les **morts** qui étaient en elle, la mort et le séjour des morts rendirent les morts qui étaient en eux ; et chacun fut **jugé selon ses œuvres**. Et la mort et le séjour des morts furent jetés dans l'étang de feu. **C'est la seconde mort**, l'étang de feu. Quiconque ne fut pas trouvé écrit dans le livre de vie fut jeté dans l'étang de feu*

Apocalypse 20 : 11 - 15.

Ce verdict sera prononcé après un millénaire de règne. Des hommes de tous âges, ayant refusé de croire, se tiendront devant le trône blanc. La mer, la mort et le royaume des morts restitueront tous les défunts. Chacun aura sous les yeux les registres de toutes ses actions terrestres, ainsi que le livre de vie. Le jugement des morts sera fondé sur le contenu de ces écrits : en particulier les actes posés sur terre. Quiconque ne figure pas dans le livre de vie verra sa sentence être l'étang de feu. Il est possible que le sort des anges déchus soit également à statuer à ce moment-là

*car, si Dieu n'a pas épargné les anges qui ont péché, mais s'il les a précipités dans les abîmes de ténèbres et les réserve pour le **jugement**.*

2 Pierre 2 : 4

Durant cette période, la mort et le séjour des morts seront également jugés et jetés dans le brasier éternel. Certains pourraient se dire que Dieu est amour et que tout ira bien. D'autres pourraient penser que l'étang de feu n'existe pas. Ce sont là des choix qu'ils font, et ils ont raison. Toutefois, le fait de ne pas croire à quelque chose ne signifie pas nécessairement que cette chose n'existe pas. Selon les Écritures, ceux qui ont partagé le pouvoir avec Jésus-Christ ne seront pas touchés par la seconde mort.

Heureux et saints ceux qui ont part à la première résurrection ! La seconde mort n'a point de pouvoir sur eux.

Apocalypse 20 : 6

Dans une salle d'audience, on peut voir diverses personnes impliquées dans le processus judiciaire. Il y a les magistrats, les accusés, les avocats, les greffiers et les spectateurs curieux.

Le Juge

Lorsqu'on parle de jugement, on s'attend naturellement à ce qu'il y ait un juge d'instance. Ce dernier a pour fonction première d'appliquer la loi en rendant des décisions de justice équitables et impartiales. Dans notre société, on trouve des juges pour divers sujets, tels que les juges d'instruction, les magistrats du contentieux, le juge des enfants, entre autres. Ils ne sont pas spécialisés dans tous les domaines, ils seront donc incapables de statuer sur toutes les affaires. Le seul changement avec le Juge Suprême à la fin des temps est qu'Il a le pouvoir de traiter tous les cas. Qu'il s'agisse de délits tels que l'immoralité, l'ivrognerie, les sectes, l'idolâtrie, les meurtres, etc.

*Devant l'Éternel ! Car il vient pour juger la terre ; il **jugera le monde avec justice**, et les peuples avec équité.*

Psaumes 98 : 9

Les assistants

En règle générale, les assistants judiciaires ne sont pas généralement mis en évidence pendant les procès. En effet, les magistrats délèguent souvent certaines tâches préparatoires à leurs adjoints pour améliorer l'efficacité du système judiciaire. Lors du jugement devant le trône blanc, il y aura également des auxiliaires de justice : les saints. Non seulement les saints jugeront le monde, mais ils jugeront aussi les anges [1 Corinthiens 6 : 2-3].

Les accusés

Au tribunal céleste, chaque âme décédée, qu'elle soit célèbre ou anonyme, fera l'objet d'une audience. Ce sont tous ceux qui ne sont pas inscrits dans le livre de vie, selon l'Apocalypse. Il n'est pas clair si les anges étaient également jugés à ce moment-là, mais ils auraient sans doute fait partie des accusés. Cependant, ce qui est certain, c'est que l'Église sera présente pour assister au procès des anges et du monde, comme mentionné dans 1 Corinthiens 6 : 2-3.

La sentence : l'étang de feu ou l'enfer

La fin d'un procès est toujours assortie d'une sentence ou d'un acquittement. Selon l'Apocalypse 20:15, les personnes non incluses dans le registre des vivants seront précipitées dans un étang ardent, autrement dit, en enfer. Il s'agit là d'une sanction perpétuelle. Ce qui est terrible, c'est que, à l'origine, cet endroit avait été conçu spécialement pour satan et ses démons. Malheureusement, plusieurs hommes qui ont entendu parler de Christ, qui refusent la grâce offerte en Jésus-Christ, choisissent la condamnation éternelle.

Parlons un peu de l'étang de feu, ou encore de l'enfer, un terme que certains chrétiens n'aiment pas aborder. Le mot *« enfer »* vient du latin *« infernus »*, qui signifie *« qui se trouve en dessous »*. Ce terme revêt une définition variable selon les disciplines scientifiques et les convictions. Par exemple, d'après la mythologie grecque, les enfers sont le royaume des morts, gouverné par Hadès et sa femme.

Selon certaines personnes, Dieu est synonyme d'amour et ne pourrait donc pas condamner les hommes à un lac de feu, où ils subiraient une douleur infinie. Ces gens ne partagent pas cette croyance. Ils soutiennent plutôt que cette phrase est une image de la souffrance terrestre. Dieu est amour, je le comprends, mais jamais il ne désire voir les êtres humains se retrouver au fond de la mare de feu éternel. Ce sont les choix qu'ils font qui déterminent leur destinée. Nous devons assumer la responsabilité de nos actions, et donc, des conséquences qui en découlent.

Le terme *« enfer »* revêt divers sens, notamment *« étang ardent de feu et de soufre »*, *« étang de feu et de soufre »*, *« fournaise ardente »*, *« lieu de souffrance »* et *« géhenne »*.

*Et le **diable**, qui les séduisait ; fut jeté dans **l'étang de feu et de soufre**, où sont la **bête** et le **faux prophète**. Et ils seront tourmentés jour et nuit, **aux siècles des siècles**.*

Apocalypse 20 : 10

*Mais pour les lâches, les incrédules, les abominables, les meurtriers, les impudiques, les enchanteurs, les idolâtres, et tous les menteurs, leur part sera dans **l'étang ardent de feu et de soufre**, ce qui est la seconde mort.*

Apocalypse 21 : 8

Le diable, après sa dernière tentative de reprendre le pouvoir, sera jeté ensuite dans l'étang de feu et de soufre, où se trouvent la bête et le faux prophète. Plus tard, la mort et le séjour des morts seront eux aussi plongés dans cet étang, qui correspond à la « seconde mort ». Tout individu non inscrit dans le livre de vie y sera également jeté pour l'éternité.

Dans nos sociétés, les hommes ont pris l'habitude de craindre ce qui est visible, comme les violences, les vols, les escroqueries en ligne et les abus. Cette crainte est justifiée. Toutefois, ils ont oublié un aspect important de l'existence : le respect de Celui qui peut détruire entièrement l'âme. Les agresseurs peuvent malmener le corps, le diable peut aussi l'attaquer, mais ils ne peuvent pas anéantir votre âme. Ils ne possèdent pas ce pouvoir.

*N'ayez pas peur des gens qui tuent le corps. Ils ne peuvent pas tuer la vie qui est en vous. Celui que vous devez respecter avec confiance, c'est Dieu. Lui, il a le pouvoir de vous faire mourir tout entiers dans le **lieu de souffrance.***

Matthieu 10 : 28 [Version Parole de Vie 2017]

Fiez-vous à la parole de Dieu, cet endroit existe véritablement. Il y aura des grincements de dents et des larmes. Lorsqu'une personne gémit, cela signifie que la souffrance est si intense qu'elle ne peut plus la supporter. Repentez-vous avant qu'il ne soit trop tard. Transformez votre mode de vie, car Dieu est toujours prêt à vous accueillir dans la bergerie.

*Et ils les jetteront dans la **fournaise ardente**, où il y aura des pleurs et des grincements de dents.*

Matthieu 13 : 42

La récompense éternelle

Les peuples se sont mis en colère, mais c'est la colère qui est venue. Pour les morts, c'est le moment du jugement. C'est le moment où tu vas récompenser tes serviteurs, les prophètes, ceux qui t'appartiennent, qui te respectent avec confiance, les petits et les grands. C'est le moment ou tu vas détruire ceux qui détruisent la terre.

Apocalypse 11 : 18

La notion de récompense est liée aux résultats d'un travail accompli. Dieu vous confie des tâches et des responsabilités sur terre, et il est de votre devoir de les exécuter. Votre mesure correspondra aux obligations qui vous seront données.

Ceux qui ont remporté le combat recevront une distinction immuable : la vie éternelle. Celle-ci est accompagnée de présents, dont la possession du royaume, la Couronne de gloire. Votre engagement actuel dans l'accomplissement de la volonté divine sera certainement récompensé. En vérité, Dieu ne se trompe jamais et Il ne doit rien à personne.

En effet, le salaire du péché c'est la mort, mais le don gratuit de Dieu, c'est la vie éternelle en Jésus-Christ notre Seigneur.

Romains 6 : 23

Envisagez tout ce que vous faites au même degré qu'une offrande pour le Seigneur. Vous recevrez en héritage une récompense pour vos actions. Semez le bien en tout temps, car, comme le dit la Sainte Parole, vous récolterez en temps voulu, à condition de ne pas abandonner. En effet, ceux qui sont fidèles dans les petites choses recevront de plus grandes responsabilités de la part de Dieu. Votre motivation ne devrait toutefois pas provenir des gratifications que vous obtiendrez, bien qu'un travail bien rémunéré soit plus stimulant. Au contraire, mais plutôt de votre amour pour le Seigneur.

Alors le roi dira à ceux qui seront à sa droite : venez, vous qui êtes bénis de mon Père ; prenez possession du royaume, qui vous a été préparé dès la fondation du monde.

Matthieu 25 : 34

Heureux l'homme qui tient bon face à la tentation, car, après avoir fait ses preuves, il recevra la couronne de la vie que le Seigneur a promise à ceux qui l'aiment

Jacques 1 : 12

La couronne

À l'origine, la couronne n'était qu'un simple bandeau pour retenir les cheveux, comme le montrent les sculptures de Ninive. Le sens attribué à un diadème provient probablement de l'usage instinctif des guirlandes de fleurs au même degré qu'un symbole de joie ou de victoire. Elle revêt deux significations possibles dans le Nouveau Testament.

- *Diadêma* : Ce terme renvoie généralement à la couronne royale, l'emblème du monarque. Il s'agit d'un bandeau étroit entourant le front et qui pouvait être porté pour représenter plusieurs royaumes. Ainsi, le diadème du *« Roi des rois »* en *est un exemple* [Apocalypse 12 : 3].

- *Stéphanos* : Ce mot désigne habituellement une couronne comme un signe de respect et d'honneur, un geste de bienvenue envers une personne importante [Juges 3 : 7]. La couronne du vainqueur, que ce soit dans les conflits militaires ou les compétitions, est fréquemment employée. C'est pourquoi elle contraste avec la couronne incorruptible [1 Corinthiens 9 : 25, 1 Timothée 2 : 5]. Elle symbolise une récompense et une félicité, l'immortalité liée à la justice, à la gloire et à la vie.

Quelques couronnes qui vous seront réservées

- La « couronne de vie » est un prix réservé à ceux qui aiment profondément le Seigneur [Jacques 1 : 12] et qui sont restés fidèles envers lui [Apocalypse 2 : 10].

- La couronne incorruptible de gloire, symbole de renommée [1 Pierre 5 : 4]. Pour mériter cette distinction, il faut s'assurer de traiter avec respect celles et ceux que Dieu nous a confiés, évitant ainsi tout abus de pouvoir. Il est temps de réfléchir à vos actions passées et de vous repentir si vous avez mal agi envers quiconque.

- La Couronne de Justice : elle est réservée à ceux qui ont fonctionné sur la terre conformément aux principes du Roi Souverain. Marcher dans l'équité dans un monde immoral demande du courage et une obéissance à Dieu [2 Timothée 4 : 8]. Pour recevoir ce diadème, il faut avoir aimé Dieu et avoir été fidèle en servant sur terre.

- La Couronne d'incorruptibilité [1 Corinthiens 9 : 25] : Vivre discipliné et consacré à Dieu est essentiel. Avez-vous la capacité de résister à la tentation d'accepter des pots-de-vin ? Est-ce que votre position de pouvoir vous amène à favoriser ceux qui vous corrompent ? Est-ce que vous êtes le genre de personne qui est facilement séduite ? Je vous laisse avec ces questions, pensez-y à votre convenance.

En conclusion, vous remarquerez, tout comme moi, que toutes les conditions sont réunies pour obtenir ces couronnes. Durant notre séjour sur terre, nous devons apprendre à aimer Dieu et à le servir. Ceux qui ne croient pas en Dieu peuvent aussi, à l'heure où je vous écris, donner toute leur vie à Jésus-Christ, renoncer à leur passé de pécheur, puisque c'est lui qui a porté toutes nos fautes. Vous lisez ce livre, mais vous ne savez pas ce qu'est une nouvelle naissance. Finalement, une fois que vous aurez terminé ceci, dirigez-vous vers la rubrique *« Prière du salut »* et récitez cette prière. Jésus vous ouvrira grand les bras.

Spatio - Temporel VII

La nouvelle Jérusalem : la cité sainte

*Puis je vis un nouveau ciel et une **nouvelle terre** ; car le premier ciel et la première terre avaient disparu, et la mer n'était plus.*

Apocalypse 21 : 1

*Car je vais créer **de nouveaux cieux** et une **nouvelle terre** ; on ne se rappellera plus les choses passées, elles ne reviendront plus à l'esprit.*

Ésaïe 64 : 17

*Le jour du Seigneur viendra comme un voleur ; en ce jour, les cieux passeront avec fracas, les éléments embrasés se dissoudront, et la terre avec les œuvres qu'elle renferme sera consumée. Puisque donc toutes ces choses doivent se dissoudre, quelles ne doivent pas être la sainteté de votre conduite et votre piété, tandis que vous attendez et hâtez l'avènement du jour de Dieu, à cause duquel les cieux enflammés se dissoudront et les éléments embrasés se fondront ! Mais nous attendons, selon sa promesse, **de nouveaux cieux** et **une nouvelle terre**, où la justice habitera.*

2 Pierre 3 : 10-13

Selon le chapitre 21 de l'Apocalypse, un nouveau ciel et une terre neuve émergeront. La nouvelle Jérusalem descendra du ciel, et Dieu résidera parmi les hommes sur cette terre renouvelée. Plus jamais il n'y aura de morts, de chagrin, ni de souffrance. À ceux qui ont soif, il offrira l'eau de la vie, gratuitement. Dans la Jérusalem céleste, ceux dont les noms sont inscrits dans le livre de vie vivront éternellement avec le Christ et le Père. Les cieux et la terre disparaîtront pour faire place à une autre création. Dans celle-ci règneront la justice et la paix éternelle.

Il essuiera toute larme de leurs yeux, et la mort ne sera plus, et il n'y aura plus ni deuil, ni cri, ni douleur, car les premières choses ont disparu.

Apocalypse 21 : 4

Dans ce contexte, les hommes ne connaîtront plus la mort et les épreuves du deuil ne seront plus une préoccupation dans les foyers et les familles. On n'entendra plus parler du COVID-19 ou du SARS, et même les épidémies et les pandémies les plus redoutées seront guéries [Apocalypse 22 : 2] et n'apporteront plus de douleurs. N'est-ce pas merveilleux ?

Endroit sans péché

Il n'y aura plus d'anathème. Le trône de Dieu et de l'agneau sera dans la ville ; ses serviteurs le serviront et verront sa face.

Apocalypse 22 : 3

Le monde tel que nous le connaissons est aujourd'hui sous l'emprise du péché. En effet, la nature a été soumise à cette même influence à cause de la désobéissance de l'homme. Par conséquent, la souillure règne à la surface de la terre et à l'intérieur de cette dernière. Non seulement le péché a laissé une marque indélébile dans notre ADN, mais il a également imprégné l'ADN du sol. Pour résoudre ce problème et offrir à l'humanité une voie de salut, Jésus-Christ est venu mourir et a versé son sang. Et quiconque demande pour lui le sang de Christ se trouve pardonner de ses fautes.

Malgré tout, le péché persiste et domine toujours dans le monde. La méthode extrême serait de distinguer les mauvaises herbes des bonnes, puis de remettre tout en terre après l'avoir retourné, à l'instar des pratiques agraires. Évidemment, lorsqu'une plantation est infestée de maladies, le propriétaire a le choix de s'attaquer aussitôt à la gangrène pour éviter son progrès ou de l'ignorer. Ce qui entraîne sa propagation et la détérioration des autres plantes jusqu'à la destruction de tout le champ. À ce stade, l'agriculteur n'a d'autre choix que de raser entièrement sa plantation pour en former un nouveau.

Vous allez peut-être trouver cette comparaison audacieuse, mais elle n'est pas sans fondement. En effet, Dieu n'est pas sujet à la confusion lorsqu'Il met en œuvre Ses plans. Il savait déjà que l'humanité serait corrompue par le péché. Dans Sa toute-puissance, il détruira complètement les cieux et la terre pour en créer une nouvelle, exempte de toute imperfection.

Et il me dit : ces paroles sont certaines et véritables ; et le Seigneur, le Dieu des esprits des prophètes, a envoyé son ange pour montrer à ses serviteurs les choses qui doivent arriver bientôt.

Apocalypse 22 : 6

Selon Jean, ces évènements sont incontestables. Alors, comment réagissez-vous face à cette vérité ? Vous êtes entièrement libre d'être sceptique, mais gardez à l'esprit que cela ne changera rien au fait que

Dieu est tout-puissant et qu'il créera un nouveau ciel et une nouvelle terre.

En vérité, dans cette ville sacrée, le soleil et la lune ne seront plus nécessaires pour éclairer les rues, car la gloire de Dieu et de l'Agneau suffira. Magnifique, n'est-ce pas ? Dans cette cité, il n'y aura plus jamais de nuits. Imaginez aujourd'hui que les nuitées disparaissent. Ce serait déstabilisant pour quelqu'un qui n'y est pas habitué. Dans cette municipalité, vous n'aurez aucun problème avec le jour permanent.

Fertilité des sols

Au milieu de la place de la ville et sur les deux bords du fleuve, il y avait un arbre de vie, **produisant douze fois des fruits***, rendant son* **fruit chaque mois***, et dont les feuilles servaient à la guérison des nations.*

Apocalypse 22 : 2

Existe-t-il dans le monde un arbre fruitier qui donne ses fruits chaque mois, soit douze fois par an, et dont les feuillages servent à soigner des maladies chez l'homme ? N'hésitez pas à me contacter directement si vous en découvrez un. Dans ce nouvel espace, les nations seront frappées d'infirmité, mais elles ne périront pas, car les feuilles de ces arbres fruitiers possèdent des propriétés curatives.

Dieu et Christ siègeront pour l'éternité

Et il me montra un fleuve d'eau de la vie, limpide comme du cristal, qui sortait du **trône de Dieu et de l'agneau***.*

Apocalypse 22 : 1

Pour conclure cette aventure, comme l'indiquent les Écritures, l'agneau, qui symbolise le Christ, siègera éternellement auprès de Dieu. En vérité, un fleuve d'eau vive jaillira de ce trône pour désaltérer l'ensemble de l'humanité. Il sera installé dans la cité sacrée, et ses serviteurs contempleront son visage. Le verset 4 du chapitre 22 évoque que Son Nom sera gravé sur leur front. Quel est le Nom en question ? Est-ce celui de Dieu ou celui de l'agneau ? Dans ce verset de l'Apocalypse 22,1, l'écrivain utilise le singulier pour décrire le trône de Dieu et de Jésus-Christ. Cela signifie-t-il qu'il n'y aura qu'un seul trône ? Mais comment Jésus-Christ et Dieu peuvent-ils partager la même place de pouvoir ?

Ces questions ouvertes vous invitent à vous plonger dans la Parole de Dieu pour en extraire l'essence de la révélation qui vous sera communiquée par le Saint-Esprit. N'hésitez pas à vous renseigner et à chercher la vérité, car elle vous rendra libres. Sans vérité, il n'y a pas de liberté. Connaître la vérité est essentiel pour être libre dans sa foi. En effet, les êtres humains périssent faute de connaissance.

Spatio - Temporel VII_La nouvelle Jérusalem : la cité sainte

Prière du salut

Si tu lis ceci, je suppose que tu as atteint la dernière page de ce livre. Tu ressens un appel intérieur du Saint-Esprit en toi aujourd'hui. Tu te dis in petto : « Je ne suis pas croyant, mais j'ai envie de vivre cette expérience et de participer au festin de l'Agneau. Mais comment faire ? » Tu as choisi le bon ouvrage et tu poses les bonnes questions. Peut-être te dis-tu : « J'ai commis des fautes impardonnables. » Je répondrai : quiconque avoue ses torts et s'en repent, Dieu lui accorde sa grâce. Aucun péché n'est irrémissible devant Lui, Il ne te jugera pas pour tes actions passées, car il ne regarde pas à l'apparence, mais Il recherche un cœur pénitent. Approche-toi du trône de la grâce et reconnais tes fautes.

C'est pourquoi toute personne qui confesse de sa bouche « Jésus, le Seigneur », et qui croit fermement que Dieu l'a fait revenir à la vie après sa mort, sera sauvée.

Cependant, quiconque confessera donc de sa bouche le nom du Seigneur Jésus et croira dans son cœur que Dieu l'a ressuscité des morts sera sauvé.

Romain 10 : 9

Par conséquent, pour être sauvé, il est crucial de :

a) Avouer son allégeance à Jésus-Christ, le Fils de Dieu, le Messie, l'Oint, et l'accepter comme Seigneur et Sauveur de sa vie.

b) Croire en la résurrection de Jésus-Christ, un acte de

conviction en Dieu. La foi est définie comme une ferme assurance des choses qu'on espère et une démonstration de celles qu'on ne voit pas [Hébreux 11 : 1]. Aujourd'hui, personne n'a vu Jésus ressuscité, mais nous croyons en sa résurrection.

Pour obtenir les avantages d'une nation, il est nécessaire d'en être un citoyen. De même, pour bénéficier des faveurs du royaume de Dieu, il faut être un de ses enfants. Il est vrai que Dieu répand des grâces dites génériques sur les méchants comme sur les bons. Toutefois, comme Paul l'affirme aux Corinthiens, des faveurs inimaginables, inaudibles et insondables sont réservées à ceux qui l'aiment [1 Corinthiens 2 : 9-10]. En effet, lorsque nous nous joignons à cette famille, nous sommes cohéritiers de Christ et partageons la même gloire.

La prière du salut est comparable à une procédure de naturalisation pour devenir résident d'une nation. Lorsque vous récitez cette prière, il y a un changement qui s'opère, vous passant du royaume des ténèbres au royaume de Dieu, et vous intégrant dans Sa famille. Dieu vous accepte comme son enfant et vous accorde toute sa considération. Dieu vous rachète grâce au sacrifice de Jésus-Christ sur la croix. Son sang versé est une rançon pour nous sauver.

C'est la raison pour laquelle je vous encourage à répéter ces mots. N'oubliez pas qu'après votre confession, vous devrez le reconnaître publiquement. Votre entourage doit comprendre que vous avez changé de vie et que vous êtes maintenant quelqu'un d'autre [un homme nouveau, avec un esprit renouvelé]. Le Saint-Esprit vous accompagnera dans cette démarche.

Seigneur Jésus, je reconnais que je suis un pécheur qui a besoin de ton pardon. Je reconnais aussi que tu es mort sur la croix pour me sauver de mes fautes. Je t'invite à entrer dans mon cœur, à pardonner tous mes péchés et à régner sur ma vie. Je te reçois maintenant dans mon cœur en tant que Seigneur et Sauveur de ma vie. J'accepte aujourd'hui ton salut et le sang versé me lave et parle pour ma vie. Je jouirai de toutes les grâces que tu as prévues pour moi sur la terre des hommes. Guide-moi vers la vérité, car tu es la vérité même. Je suis convaincu que tu m'as réservé une demeure dans le ciel avec toi. Merci, Seigneur. Amen !

> **Soyez bénis que la grâce et la paix vous soient données de la part de Dieu, et du Seigneur Jésus-Christ !**

La prière du salut

AUTRES OUVRAGES DE L'AUTEUR

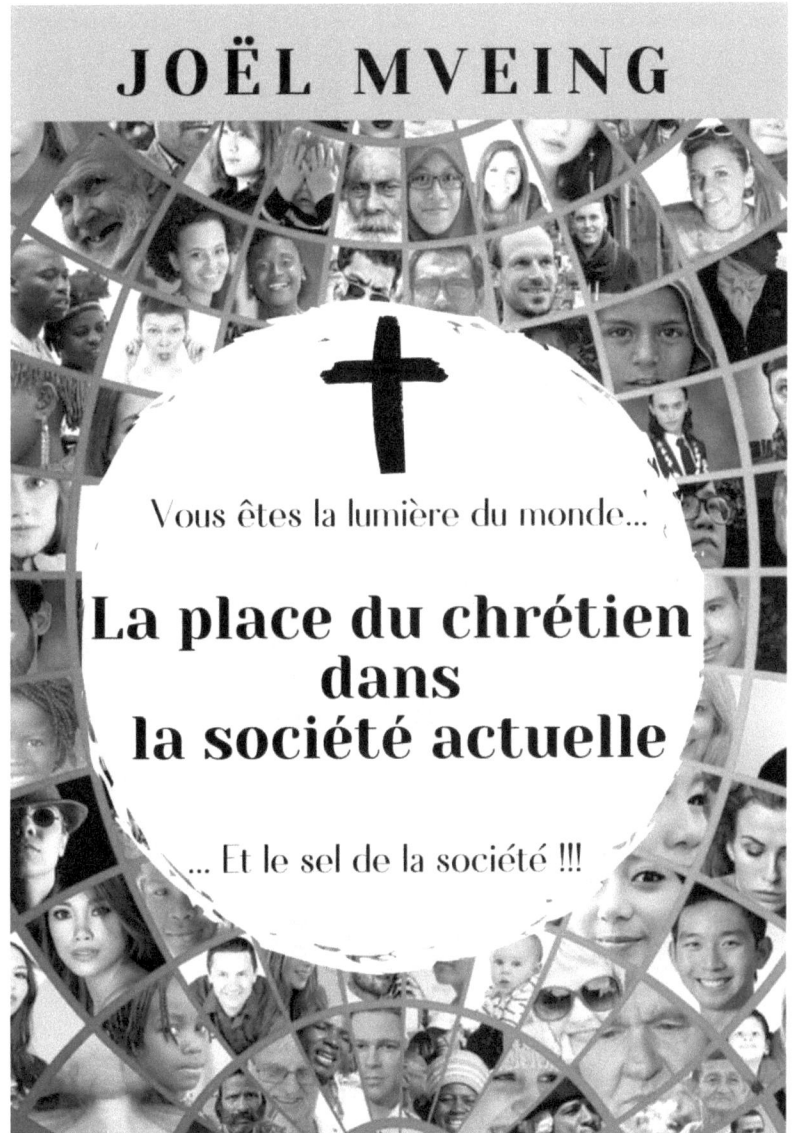

LA PLACE DU CHRÉTIEN DANS LA SOCIÉTÉ ACTUELLE

Disponible sur www.oasis.com ET https://www.amazon.fr/

AUTRES OUVRAGES DE L'AUTEUR

L'AUTODESTRUCTION

Disponible sur : https://librairie.bod.fr/ ET https://www.amazon.fr/

AUTRES OUVRAGES DE L'AUTEUR

L'HOMME SPIRITUEL PNEUMATIKOS

Disponible sur https://librairie.bod.fr/ ET https://www.amazon.fr/